Susanne Friedmann

Wo die coolen Kerle wohnen

Susanne Friedmann

Wo die coolen Kerle wohnen

Eine Expedition
ins Land der Midlife-Männer

KAILASH

Meinem großen Bruder
Claus-Heinrich gewidmet.
Danke für alles!

MIX
Papier aus verantwortungsvollen Quellen
FSC® C014496

Verlagsgruppe Random House FSC-DEU-0100
Das für dieses Buch verwendete FSC®-zertifizierte Papier
Super Snowbright liefert Hellefoss AS, Hokksund, Norwegen.

1. Auflage
Originalausgabe

Lektorat: Henriette Zeltner
Umschlaggestaltung: WEISS WERKSTATT MÜNCHEN
Illustration © WEISS WERKSTATT MÜNCHEN / Eva Gnettner
Satz: EDV-Fotosatz Huber/Verlagsservice G. Pfeifer, Germering
Druck und Bindung: GGP Media GmbH, Pößneck
Printed in Germany
ISBN 978-3-424-63050-3

www.kailash-verlag.de

Inhalt

Kapitel 1

Mein Bruder – Reiseführer und Dolmetscher

Ein brüderliches Stoppschild, innere Vorbereitung der Expedition und erste Kontakte zu Eingeborenen

Ja, wo laufen sie denn?

Wo sind sie nur? Die coolen Kerle, die gut gereiften Typen, die wir Frauen mittleren Alters so schmerzlich vermissen? Das wollte ich wissen, als ich mich mit Mitte vierzig von meinem zwölf Jahre älteren Mann trennte und hoffnungsvoll nach potentiellen Partnern Ausschau hielt, die etwa in meinem Alter waren. Doch was für eine Enttäuschung! Die Typen wirkten, zumindest auf den ersten Blick, kein bisschen vitaler, smarter oder attraktiver als der ältere Ex – eher im Gegenteil.

Sie hatten zu weiche Bäuche und zu dünne Arme. Sie drückten sich in der Buchhandlung an mir vorbei, als ich mir ungestört einen Tantra-Bildband anschauen wollte, und blätterten nervös in Ratgebern wie »Bauch weg in vier Wochen« oder »Laktosefrei glücklicher leben«. Sie joggten mit hochroten Köpfen durch den Park, während ich den Eichhörnchen zusah, die sich beim Liebesspiel leichtfüßig durch die Wipfel jagten.

Sie blätterten nervös in Ratgebern wie »Bauch weg in vier Wochen« oder »Laktosefrei glücklicher leben«.

Wenn ich durch die Stadt bummelte, erblickte ich Midlife-Männer in den Fenstern der Fitnessstudios, die wie Fische im Aquarium zappelten. In der S-Bahn entdeckte ich überraschend viele, die sich, genau wie ich, mehr oder weniger geschickt die Haare färbten – fand aber, dass es mir wesentlich besser stand.

Wenn ich durch die Stadt bummelte, erblickte ich Midlife-Männer in den Fenstern der Fitness-studios, die wie Fische im Aquarium zappelten.

Meine Tochter berichtete, dass in den Clubs, die sie besuchte, »so alte Säcke über vierzig« an der Bar herumhingen, den Mädels beim Tanzen zuschauten, anzügliche Komplimente machten und jede Menge Drinks spendierten.

Und wenn ich am Sonntagmorgen im Café frühstückte, saß garantiert ein Exemplar dieser Spezies am Nachbartisch, vertiefte sich in Notebook oder Zeitung, würdigte mich keines Blickes und bestellte bei der jungen Bedienung mit dem Wahnsinns-Dekolleté einen Prosecco nach dem andern – bevor es auf Bier umstieg.

Natürlich tauschte ich diese Beobachtungen mit meinen Freundinnen aus. Sofort sprudelten auch sie mit Storys über Männer in der Lebensmitte los, und zwar mit einem solchen Druck in der Leitung, dass es für viele Mädelsrunden mit hohen und – zugegeben – giftgrünen Gischtfontänen ausreichte.

Vom Primaten zum Pantoffeltierchen?

Schon bald hatten wir aus diversen Fallbeispielen eine Art Muster herausdestilliert: Die Männer vollzogen offenbar eine Rückwärts-Evolution. Als hochentwickelte Primaten waren sie in die Beziehungen zu uns Frauen eingestiegen (als Alphamännchen, Platzhirsch, Kuschelbär oder Hengst), doch ab vierzig entwickelten sie sich zügig zurück; wurden erst zu Amphibien (Molch,

Frosch oder Unke), dann zu sogenannten Wirbellosen (Plattwurm, Pantoffeltierchen, Amöbe), und manche kamen sogar wieder im anorganischen Bereich an (Bleiklumpen, Toastbrot, Jammerlappen). So dass man sie schleunigst loswerden musste – nicht ohne sie vorher ordentlich ausgewrungen zu haben, soweit das eben möglich war.

Wir fanden das durchaus lustig, als reife, kluge und schöne Frauen darüber herzuziehen, wie die älter werdenden Männer »schwächelten«; uns gegenseitig in unserer Häme zu bestärken. Und grollten wir nicht zu Recht?

Waren wir nicht mit gutem Grund wütend auf und enttäuscht von diesen Typen, die sich irgendwie weigerten, so zu sein, wie wir sie haben wollten? Frauensolidarität ist eine feine Sache, und nichts schweißt eine Gruppe stärker zusammen als ein gemeinsames Feindbild. Munter hetzte und hechelte ich mit.

Waren wir nicht mit gutem Grund wütend auf diese Typen, die sich weigerten, so zu sein, wie wir sie haben wollten?

Gespräche im Geschwistermodus

Bis eines Tages mein Bruder anrief. Er ist zwei Jahre älter als ich. Ein Midlife-Mann und, wie ich damals fand, meilenweit davon entfernt, ein cooler Kerl zu sein. Er war gerade voll in die Krise geschlittert. Die bislang schwerste seines Lebens. Er eröffnete mir, dass er sich von seiner zweiten, zehn Jahre jüngeren Frau trennen würde.

Ich konnte es kaum glauben. Er hatte sein Familienglück immer so geschätzt, hatte es geschützt und gegen Anfeindungen und kritische Stimmen (auch meine) verteidigt. Nun wollte er ausziehen. Abhauen, sich aus dem Staub machen. Die Frau mit Kindern, Haus und Garten allein zurücklassen.

»Auch du, mein großer Bruder!«, dachte ich augenrollend, holte tief Luft und machte ihm Vorhaltungen. Dass er auch nicht besser sei als die anderen Macker über vierzig. Diese mittelalterlichen Schlappschwänze, die durchs Land eierten, die nicht standhielten, ihre Position nicht verteidigten, die Verantwortung scheuten und sich verdrückten wie wirbellose Weichtiere.

Unzensiert warf ich meinem Bruder an den Kopf, was ich so direkt noch keinem Mann gesagt hatte. Er hörte mir zu und schwieg danach beunruhigend lange. Er dachte offenbar gar nicht daran, sich zu verteidigen oder zu rechtfertigen, sondern sagte nur: »Schwesterherz, da schiebst du aber einen ordentlichen Männerhass, was?«

Das saß. Männerhass? Ich? – So ein Blödsinn! Ich referierte Fakten! Und Erfahrungswerte! Wenn ich allerdings an meine Mädelsrunden und unsere männerfeindlichen Sprüche dachte, bei denen wir uns prächtig unterhielten, dann musste ich doch zugeben, dass es schon fast zum guten Ton gehörte, auf den Männern herumzuhacken und sie ziemlich pauschal abzuwerten.

Männerhass? Ich? So ein Blödsinn! Ich referierte Fakten!

Das sagte ich meinem Bruder natürlich nicht. Noch nicht. Stattdessen revanchierte ich mich mit dem Gegenvorwurf, er sei ein Frauenhasser.

»Muss auch mal sein«, konterte mein Bruder lässig. »Ich habe mich lange genug zum Deppen gemacht, mich geduckt und nur eingesteckt.« – Wollte er jetzt etwa als armes Opfer bemitleidet werden?

Und dann erklärte er auch noch, er habe vor, sich endlich einmal um sich selbst zu kümmern. – Hatte er das nicht schon sein ganzes Leben lang ausgiebigst getan? Der alte Egoist!

Obwohl wir uns stritten wie in Kindertagen, entspann sich zwischen meinem Bruder und mir allmählich ein Dialog, der schonungslos, aber trotzdem noch liebevoll war und der bis heute andauert. Mein Bruder offenbarte mir Dinge, die er einer anderen Frau so wohl nicht gesagt hätte. Ich konnte ihn im Gegenzug ohne Scheu attackieren und ausfragen. Im Geschwistermodus lässt es sich (sofern das Thema »Geschwisterrivalität« aufgearbeitet ist) über ein so heikles Thema einfach entspannter reden als in vielen anderen Frau-Mann-Beziehungen oder gar als Paar.

Schon unsere ersten Telefonate bewirkten, dass ich mich beim gewohnten Lästern über »die zickigen Männer in den Wechseljahren« zunehmend unwohl fühlte. Ich erfuhr von meinem Bruder, was ihn in den letzten Jahren bewegt hatte, wie verunsichert er war, mit welchen körperlichen und seelischen Beschwerden er zu kämpfen hatte. Vor allem aber: wie schlecht er und seine Freunde sich gegen emotionale Verletzungen ihrer Frauen wehren konnten.

»Stopp«, rief mein Bruder, wenn ich wieder einmal anfing, das, was er gesagt hatte, auf meine Weise zu verstehen, beziehungsweise eben nicht zu verstehen, sondern zu interpretieren und umzudeuten. »Hör doch einfach mal nur das, was ich sage«, bat er mich, »und nicht das, was du hören möchtest, was du dir rausfilterst. Warum fällt euch das bloß so schwer, euch Frauen?«

»Stopp«, rief mein Bruder. »Hör doch einfach mal nur das, was ich sage, und nicht das, was du dir rausfilterst.«

Darauf wusste ich erst einmal keine Antwort. Aber mir kam in den Sinn, dass es zwar den Begriff »Frauenversteher« gibt, dass die »Männerversteherin« aber ihren Weg in die Alltagssprache noch nicht gefunden hat. Warum nur?

»Ist doch logisch«, meinte Agnes, eine junge Kollegin, mit der ich mich darüber austauschte. »Männer sind so einfach gestrickt, so leicht durchschaubar, da braucht sich eine Frau gar nicht anzustrengen. Keine Frau muss Fachfrau sein, um die zu verstehen.«

So, so. Und das Wort »Frauenversteher«, mit dem der Versuch einiger Männer, besonders einfühlsam zu sein, karikiert wird, unterstellt noch dazu, dass ein Mann sich abmühen kann, wie er will – ihm wird es nie und nimmer gelingen, uns Frauen in unserer phantastischen Komplexität, Gefühlstiefe und Differenziertheit jemals auch nur annähernd zu begreifen.

Glücklicherweise hat diese hochmütige Einschätzung neben gehässigen auch nette Witze hervorgebracht. Eine Kostprobe: »Manche Männer bemühen sich lebenslang, das Wesen einer Frau zu verstehen. Andere befassen sich mit weniger schwierigen Dingen – zum Beispiel mit der Relativitätstheorie.«

Nach vielen Gesprächen mit meinem Bruder kam mir diese Haltung plötzlich nicht nur anmaßend, sondern auch schlicht falsch vor. Ich musste akzeptieren, dass wir Frauen meist auch nur das von den Männern verstehen, was wir aus unserer weiblichen Sicht und Erfahrungswelt heraus verstehen können (und wollen). Ansonsten interpretieren und projizieren wir, was das Zeug hält.

Was wir für weibliche Einfühlung in die männliche Gedanken- und Gefühlswelt halten, ist oft eher eine *Einwühlung*, ein maulwurfhaftes Reinbohren und ein Reindrücken unserer eigenen Themen und Theorien. Das hat was von emotionalem Kulturimperialismus. Und ich fürchtete, dass wir auf diese Weise nie rauskriegen würden, was mit den Midlife-Männern, die sich so eigentümlich aufführen, wirklich los ist.

Was wir für weibliche Einfühlung halten, ist oft eher eine *Einwühlung*, ein maulfwurfhaftes Reinbohren.

Was würde wohl passieren, wenn wir, statt uns reinzuwühlen, uns raushielten? Wenn wir es schafften, auf Distanz zu gehen und in diesem Punkt in den »Schwestermodus«

zu wechseln – auch und gerade bei den Männern, die uns nahestehen? Wenn wir erst einmal kühl und objektiv beobachteten? Wenn wir, statt weiter das ewig weibliche (Miss-)Verständnis aufzubringen, uns um schlichte Erkenntnis bemühten? Wenn wir versuchten, die Männer als fremde, andersartige, durchaus auch eigenartige Lebewesen anzusehen, die es zu erforschen lohnt?

Die Idee, eine Expedition ins Land der Midlife-Männer zu unternehmen, war geboren.

Aufbruch in die Fremde

Mein Forscherdrang wurde enorm dadurch befeuert, dass mein Bruder mich daran teilhaben ließ, wie er sich über drei, vier Jahre hinweg veränderte. Er, den ich lange unterschätzt und dann erst einmal als »konturloses Midlife-Weichtier« verbucht hatte, entpuppte sich nach Krankheiten, Wachstumsschmerzen, Rückschlägen und Kämpfen schließlich als ein ziemlich cooler Kerl, vor dem ich inzwischen größte Hochachtung habe. Meine zynische Theorie von der unvermeidlichen »Rückwärts-Evolution« der Männer ab vierzig hat er brillant widerlegt.

Das machte mich nachdenklich. Denn dieser attraktive reife Mann, der da auf einmal vor mir stand, war keine komplette Neuerfindung. Er musste doch all die Jahre bereits wie in einem Versteck in diesem Menschen gehaust haben!

Womöglich verbarg sich in vielen schwierigen Midlife-Männern so ein cooler Typ. Einer, der nur darauf wartete, dass sich im Innern seine neue Gestalt formierte, bis er seinen Kokon aufbeißen und herausschlüpfen konnte?

Womöglich verbirgt sich in vielen schwierigen Midlife-Männern so ein cooler Typ.

Als mir mein Bruder bei dem großen Fest, das er zu seinem fünfzigsten Geburtstag veranstaltete, seine drei besten Freunde und Weggefährten der letzten Jahre vorstellte, war ich vollends fasziniert: Keiner entsprach dem gängigen Männerbild, keiner war »ein Bild von einem Mann«, aber alle waren echte Mannsbilder. Authentische, coole Kerle.

Sie erzählten offen aus ihrem Leben, fragten nach meinen Erfahrungen und nahmen Anteil. Sie sprachen von ihren Familien, Kindern, Ideen, Träumen, und keiner zog eine Show ab. Keiner hielt Vorträge, spielte den Besserwisser oder Welterklärer; keiner zettelte eine Schlaumeier-Diskussion über sein Lieblingsthema an, um zu zeigen, was für ein toller Hecht er war. Diese Männer redeten und hörten zu, genossen Essen und Trinken, lachten und gingen tanzen, und ich freute mich, als sie mich aufforderten mitzukommen.

Sie waren wie Boten aus einem fremden, aufregenden Land, das ich noch nicht kannte. Da zog es mich mächtig hin.

Es dauerte noch ein paar Jährchen, bis ich so weit war, aber dann machte ich mich auf den Weg. Die Schicksale der Midlife-Männer, die in diesem Land bereit waren, von sich zu erzählen, nehmen hier breiten Raum ein. So soll es auch sein. Schließlich sind sie die Hauptpersonen, ohne die dieses Buch nicht hätte geschrieben werden können. Und es gehört zur Haltung der Forschungsreisenden, dass zwar die Personen unkenntlich gemacht, ihre Geschichten aber ungeglättet und unverfälscht geblieben sind. Deshalb enthalten sie kleine Ungereimtheiten, ebenjene »Webfehler«, die das Leben hineingewebt hat – auch manche, über die sich die eine oder andere Leserin vielleicht wundern wird.

Diese Männer waren wie Boten aus einem fremden, aufregenden Land. Da zog es mich mächtig hin.

Nun lade ich Sie ein, mitzureisen, nachzureisen, die verschiedenen Stationen mit mir abzuklappern, um am Ende, falls auch

Sie die Forscherlust gepackt hat, meinen Forschungsbericht durch eigene Beobachtungen zu ergänzen, dieses Reisetagebuch mit Ihren eigenen Erfahrungen fortzuschreiben.

Je länger man den Midlife-Mann erforscht, umso mehr kommt dabei auch über die Midlife-Frau ans Tageslicht.

Aber machen Sie sich auf einiges gefasst: Je länger man den Midlife-Mann erforscht, umso mehr kommt dabei auch über die Midlife-Frau ans Tageslicht, und nicht nur Schönes.

Es ist wie bei einer richtigen Reise, jedenfalls habe ich es früher bei meinen Aufenthalten in Frankreich oder Italien so erlebt: Erst im Unterschied zu einer anderen Lebensart und Kultur wird einem die eigene bewusst.

Auf meiner Reise ins Männerland spürte ich meine Weiblichkeit stärker als zuvor, und das fühlte sich gut an. Den Unterschied zur männlichen »Lebenskultur« deutlich wahrzunehmen ist spannend und erotisierend. Zudem fällt es immer leichter, Fremdes anzuerkennen und wertzuschätzen, wenn man sich des Eigenen sicher und bewusst ist. Erst dann kann man das Andere auch anders sein lassen – und den Unterschied genießen.

Kapitel 2

Was Reiseprospekte so alles versprechen

Das übliche Rollenbild und seine Wirkung auf Midlife-Männer

Das Klischee vom Zenit seines Lebens

An den Hochglanzbildern der Werbung lässt sich unschwer ablesen, unter welch hohem Erwartungsdruck Männer in der Lebensmitte stehen. Denn diese inszenierten Bilder spiegeln unsere kollektiven Sehnsüchte und Ansprüche wider – und der Midlife-Mann hat darin ganz offensichtlich die Rolle des materiellen, emotionalen und erotischen Wunsch-Erfüllers zu spielen.

So strahlt uns sein Ideal aus Zeitschriften wie *Men's Health* entgegen – vorzugsweise mit nacktem, trainiertem Oberkörper. Aber er lächelt auch im schmalen Business-Anzug von den Plakaten der Optiker und sieht mit seiner Designerbrille gegen die zunehmende Altersfehlsichtigkeit keinesfalls älter, sondern nur noch interessanter, erfolgreicher, attraktiver aus.

Der Papi-Mann aus der Werbung trifft immer die richtige Entscheidung.

Fürsorglich-fröhlich agiert er in den Werbespots fürs Familienauto: Entzückende Kinder fragen: »Papi, womit fahren wir am besten?«, und der Papi-Mann trifft immer die richtige Entscheidung. Für einen Kombi, Van oder Off-

Roader, in den außer der Mami-Frau, den Kindern auf ultrasicheren Kindersitzen, den Picknickkörben und Klappfahrrädern auch noch ein Hund passt. Meist ist es ein großer, tapsiger Golden Retriever, dem das Siegel »familienfreundlich« in den flauschigen Pelz gebrannt scheint – eine Auszeichnung, die die Hersteller solcher Familienkutschen auch für sich reklamieren. Aus den Schaufenstern der Banken blickt er uns anspruchsvoll, kritisch und verantwortungsbewusst an. Er weiß ganz genau, was er will.

Das sagen jedenfalls die Texte, die die Werbeagenturen ihren Models in den Mund gelegt haben: Der Mann in der Lebensmitte sucht gezielt den zinsträchtigsten Fonds, die beste Ausbildungsversicherung für die Kinder, die passgenaue Altersvorsorge, eine Hinterbliebenenrente für seine Lieben, den günstigsten Kredit für die Familienkutsche (siehe oben) oder die Familienresidenz.

Der Mann in der Lebensmitte sucht gezielt die beste Ausbildungsversicherung für die Kinder und die passgenaue Altersvorsorge.

Für Letzteren, den Erwerber von Wohneigentum, hält dann die Immobilienbranche weitere gern präsentierte Bilder parat: Darauf sehen wir den gestandenen Mann, wie er seine Altbaueigentumswohnung ökologisch saniert, am besten aber gleich das Einfamilienhaus mit Solarstrom und Pellet-Heizung ausstattet. Denn der Eigentümer mittleren Alters denkt aus Überzeugung nachhaltig, und er kann es sich leisten. Er stellt die Mittel bereit oder legt sogar selbst Hand an.

Gestaltet seinen Garten mit Apfelbaum, Tomatenstauden und Froschteich, baut für die Kinder den Bio-Sandkasten und für die Ehefrau eine Außenküche, wo sie sich beim Ausprobieren toskanischer Rezepte entfaltet, befreundete Kleinfamilien zum Essen einlädt oder mit ihren Freundinnen Prosecco schlürft.

Sind die Kinder schon aus dem Haus, sehen wir den Midlife-Mann als wundervoll zugewandten Lebenspartner: als Feinschmecker im Pariser Restaurant, wie er seiner Frau oder Freundin den besten Rotwein empfiehlt, als empfindungsfähigen Abenteurer, der auf dem Kamelrücken mit seiner Liebsten die Sahara durchstreift oder als kulturell interessierten Studienreisenden, der neben seiner Ehefrau unter der Sonne Griechenlands den Genius loci eines antiken Amphitheaters mit allen Sinnen in sich aufsaugt …

Er gestaltet seinen Garten mit Apfelbaum, Tomatenstauden, Froschteich und baut für die Kinder einen Bio-Sandkasten.

Im Focus der Werbestrategen

Es sind diese Werbebilder, Traumbilder, Wunschbilder, die die Sehnsucht nach dem Glück der mittleren Jahre nicht nur spiegeln, sondern auch verstärken. Der Midlife-Mann soll dieses – im wahrsten Sinne des Wortes – kostbare Glück erwirtschaften und seiner Frau, seinen Kindern bereitstellen.

Ihn und seine Lieben hat die Werbung im Visier. Denn die Menschen in der Lebensmitte sind für die Wirtschaft zur attraktivsten Zielgruppe geworden: Zum ersten Mal in der Geschichte stellen sie in Deutschland den größten Bevölkerungsanteil.

War im Jahr 2000 die Altersgruppe der 40- bis 60-Jährigen mit 27,3 Prozent noch etwas kleiner als die der 20- bis 40-Jährigen mit 27,4 Prozent, so haben sich bis 2010 die Verhältnisse massiv verschoben. Heute ist der Anteil der »Etablierten«, wie die Marktforscher uns nennen, auf 33,1 Prozent der Gesamtbevölkerung ange-

Die Werbung hat den Midlife-Mann im Visier. Denn die Menschen in der Lebensmitte sind für die Wirtschaft zur attraktivsten Zielgruppe geworden.

wachsen, während der Anteil der jungen »Haushaltsgründer« nurmehr 21,6 Prozent beträgt.

Wir sind 33,1 Prozent! Der Anteil, der nun die obere Hälfte der Alterspyramide unserer Gesellschaft so ausbeult, dass von »Pyramide« keine Rede mehr sein kann – weshalb die aktuelle Form des Diagramms, mit der die »überalterte« Bevölkerungsstruktur Deutschlands dargestellt wird, treffender, wenn auch wenig schmeichelhaft, als »Urnenform« bezeichnet wird.

Es sind die sogenannten Babyboomer, die geburtenstarken Nachkriegsjahrgänge der 50er und 60er Jahre, die jetzt alle in jenem »Zwischenreich« angekommen sind, in dem man nicht mehr jung, aber auch noch nicht richtig alt ist: In Deutschland sind das 27 Millionen Menschen. Knapp die Hälfte davon sind Männer – Männer »im besten Mannesalter«.

Diese Männer sind nicht nur zahlreich, sondern auch potent – jedenfalls was ihre Kaufkraft angeht. Viele von ihnen arbeiten in gehobenen Positionen, sie verdienen allemal mehr als die gleich alten berufstätigen Frauen, und in den Familien sind sie meist noch die Hauptverdiener. Sie sind es, die in den Finanzmarkt investieren, in Auto- oder Immobilienkauf, in Versicherungen oder auch in die Luxusuhr, die sie später vererben können. Aber ebenso in modernes Design, Antiquitäten und Kunst, in teure Technik(-spielereien), das Segelboot, die hochwertige Sportausrüstung und in die richtig »großen« Geschenke für Frau und Kinder.

Midlife-Männer sind nicht nur zahlreich, sondern auch potent – jedenfalls was ihre Kaufkraft angeht.

Auch von der Modeindustrie wird der reife Mann längst straffer umgarnt als die Jungen. Auf ihn ist die hochpreisige Ware zugeschnitten, im Jargon der Branche »wertig« genannt: die rahmengenähten Schuhe, der Kaschmirschal, der Designeranzug aus edlem Tuch. Marken, die bislang auf junge Sportswear spezialisiert waren, bieten neuerdings Extralinien für den reifer gewordenen männlichen Kunden an, mit wiedererkennbar ähnlichen Produkten, aber eleganterem Design, aus wertvolleren Materialien und – logisch – höherpreisig.

Auf ihn ist die hochpreisige Ware zugeschnitten, im Jargon der Branche »wertig« genannt.

Kürzlich hat eine Firma für gehobene Freizeitmode sogar einen neuen Männertyp für ihre Werbekampagne kreiert – oder besser, ein altes Männerbild recycelt: den Landlord, den Gutsherrn im englischen Stil. Er ist um die sechzig und wirkt wie einer, der ausgesorgt hat. Er fährt die Ernte seines Lebens ein, genießt – aktiv – das Älterwerden im Kreise seiner Lieben. Die sportlich-eleganten Klamotten, für die er wirbt, nimmt man nur nebenbei wahr. Eine ebenfalls silberhaarige, wunderschöne Model-Lady spielt die Frau an seiner Seite. Doch ist zweifellos *er* das Zentrum dieser großen, fröhlichen Schar von wohlgeratenen Kindern und Kindeskindern, die sich wie blöd auf das Familientreffen gefreut haben, eine offensichtlich von Papa-Opa arrangierte Landpartie.

Er hat ihnen schon so vieles ermöglicht und wird ihnen auch weiterhin noch einiges bieten: ein Herrenhaus im Hintergrund (Hinweis auf ein sattes Erbe), ein tolles Auto – oder auch mehrere – und natürlich jede Menge warmherzige Energie. Und so chic, abgeklärt und doch dynamisch ist er anzusehen, dass selbst seine Schwiegertöchter ihn noch anhimmeln.

So chic, abgeklärt und doch dynamisch ist er anzusehen, dass selbst seine Schwiegertöchter ihn noch anhimmeln.

Ja, dieser edel gereifte Mann hat unendlich viel geleistet, alle haben ihm unsäglich viel zu verdanken, und dafür lieben sie ihn von Herzen.

Die Klischeebilder des Glücks zeigen, welchen Anforderungen die Midlife-Männer gerecht werden sollen: Der Mann zwischen

40 und 60 muss »es« geschafft haben, wenn er geachtet und geliebt werden will. Aus dem einst »vielversprechenden jungen Mann« muss einer geworden sein, der sein Versprechen eingelöst hat.

Aus dem einst »vielversprechenden jungen Mann« muss einer geworden sein, der sein Versprechen eingelöst hat.

Als Angestellter muss er sich auf einen verantwortungsvollen Posten hochgearbeitet, als Selbstständiger sein Geschäft gut zum Laufen gebracht haben. Als Freiberufler, Künstler oder Journalist sollte er sich – jetzt aber wirklich! – einen Namen gemacht haben. Kraftvoll-elegant soll er auf dem Wellenkamm seiner Leistungsfähigkeit surfen und immer oben bleiben.

Dabei sieht dieser Wunsch-Erfüller, der reife Mann, der alles kann, auch noch verdammt gut aus: die perfekte Mischung aus zupackend und feinsinnig. Mit graumeliertem, dichtem(!) Haar, strahlenden Augen, markanten, aber bitte nicht faltigen Zügen. Eine coole Glatze ist zuweilen erlaubt – umso edler geschnitten ist dann sein Gesicht, umso gepflegter der Teint. Keine Frage, dass er stets leicht gebräunt, schlank und durchtrainiert ist.

Seine (Über-)Anstrengung darf man dem älter werdenden Mann nicht ansehen. Es reicht nicht, dass er die Kohle ranschafft, für die Seinen sorgt und all ihren Ansprüchen genügt. Er soll auch noch so aussehen, als würde ihm das alles locker von der Hand gehen.

Burn-out ist out. Man sollte ihn jedenfalls nicht am fahlen Teint, an Augenringen und tiefen Nasolabial-Falten ablesen können. Der Mann in mittleren Jahren muss allzeit frisch, fit und relaxed aussehen.

Das sind Erwartungen an die männliche Schönheit, die Männer inzwischen verinnerlicht haben und zunehmend an sich selbst stellen. Viele arbeiten deshalb an ihrem Erscheinungsbild, bemühen sich, ihren Körper zu optimieren und einer ästhetischen Norm anzugleichen.

Unsere ganz normalen Midlife-Männer messen sich jetzt auch an Stars wie dem prominenten Attraktivitätsbolzen George Clooney (Jahrgang '61) oder James-Bond-Darsteller Daniel Craig (Jahrgang '68), an Til Schweiger (Jahrgang '63), Startenor Jonas Kaufmann (Jahrgang '69) oder dem englischen Stardirigenten mit dem von einer silbernen Lockenpracht umrahmten Faunslächeln, Sir Simon Rattle (Jahrgang '55).

Unsere ganz normalen Midlife-Männer messen sich jetzt an Stars wie dem prominenten Attraktivitätsbolzen George Clooney.

Haben sich bislang vor allem die Frauen mit Schönheitsvergleichen herumgeplagt, so rackern sich heute auch schon viele älter werdende Männer ab. Und sind mit ihrer zunehmenden Fixierung auf die eigene äußere Erscheinung nicht mehr nur für die Fitnessbude um die Ecke, sondern auch für die Kosmetikindustrie und die plastische Chirurgie leichte Beute. Wobei seine Wirkung auf die Damenwelt für den Midlife-Mann anscheinend keineswegs im Vordergrund steht. Eigentlich schade …

Spieglein, Spieglein …

Auf der Website des 2008 gegründeten ersten deutschen Kosmetikinstituts nur für Männer, »MySpa« in München, heißt es kernig: »Männer wissen, dass ein gepflegtes Aussehen nützt. Wissenschaftliche Untersuchungen bestätigen, was ohnehin auf der Hand liegt: Gepflegte Männer sind erfolgreicher. Im Beruf – und bei den Frauen.« Das ist die korrekte Reihenfolge: In erster Linie arbeiten die Män-

15 Prozent mehr Gehalt! Glatte, frische Männerhaut zahlt sich für ihn in barer Münze aus.

ner wegen ihrer Jobs an ihrem Aussehen. Der Mann trägt seine Haut im wahrsten Sinne des Wortes zu Markte, denn wenn sie schön, glatt, frisch ist, zahlt sich das für ihn in barer Münze aus.

Was internationale Studien schon zuvor immer wieder belegt hatten, bezifferte der Wirtschaftsprofessor Barry Harper von der London Metropolitan University in einer Studie an 11 000 Briten ganz genau: Schönen Männern beschert ihre körperliche Attraktivität 15 Prozent mehr Gehalt, als ihre unattraktiven büroblassen Kollegen erwarten dürfen. Investitionen in die alternde Männerhaut bringen demnach eine ordentliche Rendite.

Kein Wunder, dass der Umsatz von Anti-Aging-Cremes, Lotionen, Aftershaves, Mitteln fürs Hairstyling, Duftwässerchen und anderen Männerprodukten zwischen 2004 und 2008 um 17 Prozent stieg.

2009 gaben die Herren der Schöpfung für Pflegeprodukte 900 Millionen Euro aus – wobei sich Gesichtspflege für den Mann mit Abstand am besten verkauft. Jeder Sechste benutzt bereits Anti-Aging-Produkte, und der Markt boomt weiter. Doch machen die Männer bei Sonnenbank und Maniküre, bei Haarfarbe und Zahn-Bleaching, bei Töpfchen und Tiegelchen keineswegs Halt. Nicht einmal bei Botox und Faltenunterspritzungen mit Hyaluronsäure.

Jeder Sechste benutzt bereits Anti-Aging-Produkte, und der Markt boomt weiter.

200 000 Männer haben sich in Deutschland im Jahr 2010 für ihre Schönheit unters Messer gelegt, berichtet die Internationale Gesellschaft für ästhetische Medizin (IGÄM). »Dabei muss differenziert werden zwischen den jüngeren und den älteren Männern«, sagt Prof. Dr. med. Werner Mang, Schönheitschirurg und Chefarzt der Bodenseeklinik in Lindau. Rund 500 Männer lassen sich im Jahr von ihm behandeln. »Die jüngeren Männer haben manchmal auch psychische Probleme, wenn sie an einer

Höckerlangnase oder einem fliehenden Kinn leiden. Das gilt auch für Haarausfall oder abstehende Ohren.

Bei älteren Männern ab 45 Jahren stehen dann eher berufliche Dinge im Vordergrund. Sie wollen wieder jung und aktiv aussehen. Das gilt auch, wenn ältere Männer jüngere Partnerinnen haben. Sie wünschen sich dann vor allem Schlupflid- oder Tränensackoperationen, Fettabsaugungen und Faceliftings.« Gerade Liposuktionen um die Körpermitte seien häufige Eingriffe bei älteren Männern, meint er, sie wollten damit ihren »Speckgürtel« loswerden. »Dann gibt es auch Männer, die sehr viel an Gewicht abgenommen haben. Sie wünschen eine Bauchdeckenstraffung. Oberarm- oder Oberschenkelstraffungen sind ebenfalls möglich.«

Männer ab 45 wünschen sich vor allem Schlupflid- oder Tränensackoperationen, Fettabsaugungen und Faceliftings.

Die Kosten für einen Eingriff liegen zwischen 1800 und 10 000 Euro.

Da Männer zwar in erster Linie ihrem Chef, in zweiter dann aber doch auch den Frauen gefallen wollen, werfen wir zum Schluss noch einen kurzen Blick auf jene Models, die mit ihren attraktiven Porträtfotos Single-Frauen in die Internet-Partnerbörsen locken sollen. Denn diese Agenturen haben sehr genau herausgefiltert, worauf Frauen (im Allgemeinen) fliegen, und ihr Model-Angebot darauf ausgerichtet. Der »Mann in den 40ern« wird da beispielsweise von einem Typ mit jungenhaftem Lächeln samt sehr ebenmäßigen Zähnen dargestellt, mit Stirnglatze über einem schmalen, fein geschnittenen Gesicht mit kräftigem Kinn. Der Klischee-Mann in den 50ern hat ein breiteres Gesicht, wirkt gesetzter und trägt einen Bürstenhaarschnitt über prägnanten, aber irgendwie gutmütigen Männerfalten in den Wangen. Und als attraktiver Typ um die sechzig lockt ein weißhaariges Model mit kurzem »Psychologenbart«, das wissend und zugleich leicht verschmitzt blinzelt.

Echt nicht übel.

Aber getoppt wird das optisch ansprechende Angebot noch durch die Zweiwort-Charakterisierungen unter den Fotos: »Molekularbiologe – Syltfan«, steht unter dem einen. »Pilot – Golfhandicap 12« unter dem nächsten. »Kunsthändler – weltoffen« oder etwas ausführlicher: »Hotelmanager – schätzt guten Stil«.

Da fragt man sich schon: Darf's vielleicht auch ein bisschen weniger sein?

Diese Frage stellte ich auch Frauen, mit denen ich mich über Midlife-Männer unterhielt. »Ja, ja«, stimmte Beate, 50, Logopädin, freundlich zu, »ein *bisschen* weniger darf's schon sein«, dann zog sie vielsagend die Brauen hoch, »aber nicht viel.«

... was Frauen wünschen

Da hatte ich es mal wieder: Für uns Frauen ist es ein Kinderspiel, sogar mit wildfremden anderen Frauen über so persönliche und intime Dinge wie uns und unsere Männer ins Gespräch zu kommen. Ich habe mit engen Freundinnen und entfernteren Bekannten gesprochen, aber einige meiner Interviews entwickelten sich tatsächlich »einfach so«, spontan im Café, beim Afterwork-Prosecco in der Kneipe oder auf der Terrasse einer Pizzeria – natürlich nur, wenn die Frauen ohne männliche Begleitung waren.

Man macht eine kleine Bemerkung, vielleicht ein Kompliment, man fragt neugierig, wo die schicke Handtasche, die hübsche Brosche oder der tolle Haarschnitt herkommen, und schon geht es los. Man rückt zusammen, plaudert über dies und das, irgendwann fragt jemand in die Runde, was jede so macht. Wenn ich erzählte, dass ich gerade ein Buch über die älter werdenden Männer schrieb, stieß ich sofort auf offene Ohren sowie auf die Bereitschaft, aus dem Nähkästchen zu plaudern.

Die Namen meiner Gesprächspartner habe ich (wie auch die der Männer, die mir ihre Geschichten anvertraut haben) aus Gründen des Persönlichkeitsschutzes geändert.

»Bloß nicht so ein Jüngelchen-Typ, der nicht weiß, was er will oder wo er hingehört!«

»Für mich muss ein reifer Mann ganz klar größer sein als ich, er muss breite Schultern und eine gute Haltung haben, eine sportliche Figur, er muss Dynamik ausstrahlen und Vitalität. Bloß nicht so ein Jüngelchen-Typ, der nicht weiß, was er will oder wo er hingehört! Leider habe ich lange nichts mehr gesehen, was in mein Beuteschema passt«, sagt Helga, 45, eine schmale, eher zurückhaltend wirkende Frau, Personalchefin einer Hamburger IT-Firma und seit drei Jahren Single.

»Er soll sich intensiv für meine Kunst und meinen Charakter interessieren.«

Judith, 46, eine rassige (Lebens-)Künstlerin aus Frankfurt und frisch geschieden, widerspricht: »Nein, so einen Superman brauch ich nicht. Meiner darf gern einen netten, kleinen Bauch haben, das gefällt mir. Er kann sogar kleiner sein als ich. Ich finde das klasse, wenn ich ihn mit meinen Highheels überrage und ihm dann von oben den Arm umlegen kann. Er soll mit mir vor allem genießen! Lecker essen gehen, einen guten Schluck trinken, und vor allem soll er kreativ und lustig sein, lebensbejahend, und er soll mich zum Lachen bringen und aufbauen, wenn's mir dreckig geht! Er soll mich einladen und sich intensiv für mich, meine künstlerische Arbeit und meinen Charakter interessieren.«

Ursula, 61, grauer Pagenkopf, Steuerberaterin in München, geschieden, ein erwachsener Sohn, wünscht sich einen Mann,

»der noch mal was Neues in Angriff nimmt, am liebsten mit mir zusammen. Einen, der Mumm hat und das nötige finanzielle Polster, um ein Risiko wie eine Geschäftsgründung einzugehen. Ich könnte mir ein Astro-Beratungsbüro vorstellen – und deshalb sollte er sich natürlich auch für Astrologie interessieren, und für Feng-Shui – überhaupt für spirituelle und psychologische Themen.«

Sabine, 55, schwarzer Lederrock, schwarzer Kurzhaarschnitt, Illustratorin aus Heidelberg, geschieden, zwei halberwachsene Kinder, weiß genau, was sie will: »Ich brauche einen richtigen Kerl. Ich wünsch mir den Klassiker. Einen, der gutes Geld verdient, sich aber nicht so kaputtarbeitet, dass er abends dann zu nichts mehr zu gebrauchen ist und nur noch vor der Glotze hängt. Er soll sportlich sein, aber auch kulturell interessiert; gute Anzüge tragen und mich ausführen. Ich möchte stolz auf ihn sein und mich mit ihm sehen lassen können. Er soll sich auf dem gesellschaftlichen Parkett sicher bewegen. Er soll natürlich auch auf mich stolz sein und mich leidenschaftlich begehren. Ein bisschen Macho gefällt mir.«

»Ich wünsche mir den Klassiker: einen, der gutes Geld verdient.«

Andrea, 44, Jeans und Bluse, Lehrerin in Stuttgart, verheiratet, drei Kinder, steht nur auf Männer, die praktisch veranlagt sind. »Einen Mann, der handwerklich nichts gebacken kriegt, schau ich nicht mal mit dem Hintern an! Und er muss sich um die Kinder kümmern. Mit den drei Jungs richtig was unternehmen, Staudämme bauen, auf dem Bolzplatz kicken und so. Eben ein aktiver und liebevoller Vater.«

Für Anne, 54, sehr schlank, lässig-elegant, Klavierlehrerin, geschieden, zwei erwachsene Töchter und seit drei Jahren intensiv auf Partnersuche im Internet, sind ein gepflegtes Äußeres und der richtige Look unverzichtbar. »Beim letzten Date kam einer, der auf dem Foto im Internet ganz passabel aussah, in einem ungebügelten Hemd an!

Dann sah ich noch die Sandalen, und das war auch schon das Aus. Ich brauche einen, der weiß, was man bei welchen Gelegenheiten trägt. Ich mag bei Männern zum Beispiel so einen relaxten Freizeitlook aus hochwertigen Polohemden und italienischen Slippern. Natürlich muss es auch sonst stimmen, also er sollte charmant sein und geistreich, bestens informiert und gut trainiert.«

Und Christine, 48, vollbusig, raumgreifend, Radioredakteurin, getrennt lebend, zwei Söhne im Grundschulalter, meint: »Er muss irgendwie weltmännisch sein, sich auskennen in Politik, Kultur und Wirtschaft. Er sollte mehrere Sprachen sprechen, wie ich. Ich will einen, der geistig genauso drauf ist wie ich. Der meine Witze versteht. Und selbst Sinn für beißende Ironie und schwarzen Humor hat. Gut im Bett muss er auch sein und mich bitte schön einladen – zu edlen Tropfen und feinem Essen. Er muss mit mir auf Augenhöhe kommunizieren und soll mir intellektuell und finanziell was bieten können.«

»Gut im Bett muss er auch sein und mich bitte schön einladen – zu edlen Tropfen und feinem Essen.«

So weit meine Aufzeichnungen.

Selbst wenn Er also nach dieser kleinen Bestandsaufnahme nicht so perfekt sein muss wie in Partnerbörsen und auf Reklamebildern – Frauen haben im Allgemeinen doch recht konkrete Vorstellungen davon, wie ihr Midlife-Traumtyp beschaffen sein soll; und sie wissen auch schon genau, welche Aufgaben er zu erfüllen hat.

An den weiblichen Erwartungen hat sich im Laufe der Zeit erstaunlich wenig verändert – Emanzipation, eigene Berufstätigkeit, eigenes Geld hin oder her.

Wenn der Mann optisch dem aktuellen Männerbild nicht entspricht, soll er das durch Humor und/oder eine machtvolle Ausstrahlung wettmachen. Gutes Geld soll er verdienen, und sich, nachdem die Kinder – so vorhanden – aus dem Gröbsten raus sind, wieder Zeit nehmen, um mit seiner Frau/Freundin auszugehen. Erst souverän aufs gesellschaftliche Parkett, dann kraftstrotzend-machohaft, doch zugleich sensibel-romantisch ins Bett. Luxuriöse Urlaube oder abenteuerliche Fernreisen sollten »jetzt aber!« drin sein – wo er schon so viel arbeitet. Und sie sind auch nötiger denn je, um spätestens im Nobelhotel das Liebesleben wieder in Gang zu bringen – »wie damals, Schatz!«. Dass frau ihn auch als einfühlsamen Zuhörer und Lebensberater braucht, versteht sich eigentlich von selbst, oder?

Dass frau ihn auch als einfühlsamen Zuhörer und Lebensberater braucht, versteht sich eigentlich von selbst, oder?

Eierlegende Wollmilchsau?

Die Kinder haben übrigens ebenfalls jede Menge Ansprüche an ihre Väter in der Lebensmitte. Oftmals sind das allerdings auch die Erwartungen der Mütter, die auf dem Umweg über die gemeinsamen Kinder an die Männer gestellt werden. So wird auf indirektem Weg zusätzlich Druck gemacht.

In dieser Lebensphase ihrer Eltern gehen die Kids meist den steinigen Weg von der Pubertät bis zum Auszug von zu Hause. In vielen Gesprächen, die ich mit Jugendlichen geführt habe, kristallisierte sich heraus, dass sie sich einen Vater wünschen oder gewünscht hätten, mit dem sie am Strand herumtollen können, der ein Fußballass ist, einen tollen Beruf hat, der aber auch an ihrem Alltag liebevoll Anteil nimmt, ihnen außerdem den neuesten iPod kauft, die Privatschule, den Führerschein, das erste Auto, den Surf-/Reit-/Kletter-Urlaub, eine gute Ausbildung, Auslandsaufenthalte und eine kleine Eigentumswohnung finanziert.

Die Kids wollen stolz auf ihn sein, mit ihm vor ihren Freunden angeben, weil Papa sie über alles liebt, weil er in der Welt wichtig, hoch angesehen, gerne auch berühmt – und wohlhabend ist. Und sie wollen einen Vater, der äußerlich jugendlich wirkt. Macht er allerdings demonstrativ »auf jung«, vielleicht indem er allzu modische Klamotten trägt oder sich den Jargon der Jugend anzueignen versucht, dann distanzieren sie sich ganz schnell: »Papa, du bist so was von peinlich!«

Der Mann in der Lebensmitte als Rundum-sorglos-Paket für seine Kinder, als eierlegende Wollmilchsau für seine Partnerin? Da ist eigentlich schon klar, dass er sich drehen und wenden kann, wie er will, er wird niemals alles zur aller Zufriedenheit auf die Reihe kriegen. Und schon gar nicht zu seiner eigenen. Er ist oft in so hohem Maß auf Leistung gepolt und definiert sich und sein Mannsein so sehr über das, was er (ein-)bringt, dass er tiefer liegende seelische Bedürfnisse übersieht, es allen recht machen will und blindlings ackert bis zum Umfallen. Um sein Selbstbild aufrechtzuerhalten, das allzu oft nur ein Abziehbild des erwähnten Hochglanz-Klischees ist. Bis er mit Anfang, Mitte vierzig ins Straucheln gerät und – notgedrungen – anfängt nachzudenken. Oder um sich zu schlagen. Oder sich frei zu strampeln. Oder alles auf einmal.

Der Mann in der Lebensmitte: Rundum-sorglos-Paket für seine Kinder, eierlegende Wollmilchsau für seine Partnerin?

Davon handelt das nächste Kapitel.

Kapitel 3

Feldforschung vor Ort

Ein paar Fakten und was es mit der magischen Zahl Sieben auf sich hat

Das sagt die Statistik

Die Bilder des schönen Scheins propagieren einen Männertyp und einen Lebensstil für die mittleren Jahre, die es kaum noch gibt, beziehungsweise die es so wahrscheinlich auch nie gegeben hat. Denn diese Lebensphase ist von Natur aus zu schwierig für gänzlich ungetrübtes Glück: Die Kinder sind in der Pubertät, beginnen, sich von zu Hause abzunabeln, oder machen andere Sorgen; die eigenen Eltern werden alt, eventuell pflegebedürftig und sterben schließlich. Im Freundeskreis gibt es Hexenschüsse, jede Menge Trennungen und Scheidungen, Entziehungskuren, Herzinfarkte und erste Todesfälle, die nicht auf Unfälle zurückzuführen sind. Im Job drängen die jüngeren Kollegen nach und wechseln schon mal auf die Überholspur. Und diese grundsätzlich problematische Phase wird ganz aktuell durch die globale Finanzkrise und Unsicherheiten am Arbeitsmarkt noch zusätzlich belastet.

Im Job drängen die jüngeren Kollegen nach und wechseln schon mal auf die Überholspur.

Für den Midlife-Mann heißt das konkret: Sein Arbeitsplatz ist möglicherweise gefährdet, und Entlassungen machen auch vor den Chefetagen nicht halt. Der Versorger-Mann, der in dieser Altersgruppe noch meist die Regel ist, der viel Verantwortung auf sich geladen hat, weiß nicht, ob er auch im nächsten Jahr noch den Kredit fürs Eigenheim abzahlen, seine Familie ernähren und womöglich auch noch einen Zuschuss zum Pflegesatz der eigenen Eltern leisten kann.

Mehr als jede dritte Ehe in Deutschland hält den Belastungen nicht stand und geht auseinander. Primetime für Ehescheidungen ist das Jahrzehnt zwischen vierzig und fünfzig. Wobei sich die Dauer der Ehen wieder verlängert hat: Die Paare, die 2010 in den deutschen Amtsgerichten offiziell »Nein!« zueinander sagten, waren im Durchschnitt immerhin 14 Jahre und zwei Monate lang verheiratet – 1992 hatten sie bis zur Scheidung nur 11 Jahre und sechs Monate durchgehalten.

Primetime für Ehescheidungen ist das Jahrzehnt zwischen 40 und 50.

Statistiker mutmaßen, dass es, ganz unromantisch, ein Nebeneffekt der Finanzkrise sein könnte, der die Paare in Zeiten knapper Kassen länger zusammenhält, denn Scheidungen sind in der Regel mit hohen Folgekosten verbunden. Die sich verlängernde Ehedauer könnte aber auch damit zusammenhängen, dass die Partner in immer höherem Lebensalter den Bund der Ehe eingehen, dass sie reifer sind und sich ihre Entscheidung gründlicher überlegt haben.

Wie auch immer: Auseinandergehen tun viele dann trotzdem. 187 000 Ehen wurden 2010 in Deutschland geschieden. Die Männer waren dabei im Durchschnitt knapp 45, die Frauen knapp 42 Jahre alt, und etwas weniger als die Hälfte von ihnen hatte Kinder unter 18 Jahren.

Geschiedene Elternteile gehen neue Partnerschaften ein, in denen es bereits Kinder gibt und/oder aus denen nicht selten noch gemeinsame Kinder hervorgehen. Die neuen Familien müssen mit den alten irgendwie verknüpft werden, und bei alledem entstehen Konstellationen, die dermaßen neuartige psychosoziale Probleme aufwerfen, dass heute noch keiner sagen kann, ob Patchwork-Familien das Glücksmodell der Zukunft sind oder ob die Beteiligten sich selbst, ihren Ex- und Neupartnern sowie den diversen Kindern nicht doch mehr zumuten, als sie tragen können und vielleicht wahrhaben wollen.

Neue Formen des gemeinsamen Lebens, Liebens und Leidens sind noch nicht etabliert, und sie sind, weil Erfahrungswerte fehlen, auch noch nicht ausreichend erforscht.

Wer heute zwischen 40 und 60 Jahre alt ist, lebt also zwischen den Stühlen, in der unbequemen Position zwischen Tradition und – ja, was eigentlich? – einem noch undefinierten Lebensraum, einem weit verbreiteten Experiment, bei dem noch nicht einmal die Versuchsanordnung verbindlich vereinbart ist. Ein Spiel mit vielen Unbekannten.

Neue Formen des gemeinsamen Lebens sind noch nicht etabliert, auch noch nicht ausreichend erforscht.

Wir haben unser Erwachsenenleben meist noch nach dem Vorbild unserer Eltern angetreten, als die Männer die Familienernährer mit sicheren Arbeitsplätzen waren, die ihr gesamtes Berufsleben oft in einer einzigen Firma zubrachten; als Männer und Frauen zusammenblieben, selbst wenn ihr Eheleben längst zum Schlachtfeld oder zur öden Wüste geworden war. Man arrangierte sich. Wegen der Kinder, wegen des Papstes, wegen des Hauses, wegen anderer finanzieller Abhängigkeiten, wegen der Nachbarn oder einfach, weil »man« das eben so machte.

Viele von uns tragen das alte Konzept »bis dass der Tod euch scheidet« als moralisches Muster und als romantisches Rührstück in sich, und sie lasten es sich als persönliches Versagen an, wenn sie es nicht mehr schaffen, danach zu leben. – »In unserer Familie hat sich noch keiner scheiden lassen!«

Es ist ja auch keineswegs nur eine persönliche Familientradition, sondern sogar gesetzlich in unserer Gesellschaft verankert:

Nach deutschem Recht gilt die Ehe als lebenslange Institution, die laut Artikel 6 des Grundgesetzes besonderen Schutz genießt und nur durch den Tod, durch Aufhebung der Ehe (falls die Eheschließung fehlerhaft war) oder durch eine Scheidung beendet werden kann.

Wenn es dann um klare, auch rechtlich »saubere« Entscheidungen in Beziehungsfragen geht, sind die Frauen seit Jahren eindeutig die treibende Kraft: Im Jahr 2010 wurden wieder über die Hälfte aller Scheidungen von den Frauen eingereicht: 52,9 Prozent. Männer stellten nur 38,9 Prozent der Scheidungsanträge, die restlichen wurden gemeinsam gestellt.

Ab einem Alter von 50 Jahren gehen sogar 80 Prozent der Scheidungen von den Frauen aus. Dass sie entschlussfreudiger sind, mag daran liegen, dass Frauen meist mehr Erfahrung damit haben, ihr Innenleben zu erkunden und sich darüber auszutauschen. Das heißt, sie spüren und wissen präziser, was sie sich wünschen, und können deshalb auch genauer definieren und benennen, was ihnen fehlt.

Ab einem Alter von 50 Jahren gehen 80 Prozent der Scheidungen von den Frauen aus.

Männer sind zwar auch unzufrieden in ihren Ehen, das Gefühl bleibt aber meist diffus, da es ihnen eher liegt, nach außen zu leben und zu wirken, zielgerichtet Leistung zu erbringen und »nicht lange zu fackeln«. Gefühle nehmen Männer häufiger als Störfaktoren wahr, die ihre Handlungsfähigkeit einschränken könnten. Deshalb geben sie ihnen ungern Raum, schieben sie lieber beiseite oder lassen sie irgendwo im Nebel: Nur nicht hinschauen! Darauf sind sie von kleinauf gepolt, und damit hatten sie bislang Erfolg.

Wenig geübt sind Männer üblicherweise darin, in sich hineinzuhorchen, womöglich gar ihr Beziehungsverhalten zu reflektieren oder ihre Gefühle in Worte zu fassen. Oft wissen sie selbst nicht, wie es ihnen eigentlich geht, und reagieren auf entsprechende Fragen mit Angst und Hilflosigkeit – weshalb sie Problemgesprächen, die ihre Frauen wünschen oder einfordern, gern ausweichen oder aufbrausend darauf reagieren. Männer halten sich da lieber mit kleinen Fluchten schadlos (Arbeit, Hobby, Liebschaften, Fernsehen, Internet, Alkohol), bleiben zugleich aber – innerlich und oft auch äußerlich abwesend – gern in dem gewohnten und bequemen Rahmen der Ehe kleben. Für Frauen ist das weder nachvollziehbar noch akzeptabel. Sie ziehen häufiger die Konsequenz und sagen: Schluss, aus, Trennung, Scheidung.

Männer bleiben gern in dem gewohnten und bequemen Rahmen der Ehe kleben.

So habe auch ich übrigens gehandelt und viele der Frauen aus meinem Umkreis, die ebenfalls mit ihren Männern nicht mehr klarkamen, wenn diese sich wie die wilden Kerle aufführten, zugleich aber nicht deutlich ausdrückten, was sie selbst eigentlich wollten, und die Bequemlichkeiten des Ehe- und Familienlebens nicht (ganz) missen wollten: Da legte einer sich eine 30 Jahre jüngere Geliebte zu, mietete für sie eine kleine, feine Wohnung, drängte Ehefrau und Kinder, diese Nebenbeziehung doch einfach zu akzeptieren, und sorgte – obwohl längst im Opa-Alter – noch einmal für Nachwuchs mit der Jüngeren. Ein anderer entdeckte, dass er eigentlich schwul war, und feierte sein Coming-out. Am liebsten hätte er das gemeinsam mit der ganzen Familie und seinem neuen Freund getan. Da kündigte einer mit Mitte vierzig seinen Lehrerjob, um, bis auf wenige Tage im Monat, die er noch bei seiner Familie verbrachte, in einer Landkommune zu leben. Wieder ein anderer ließ sich die Haare wachsen wie in den Hippie-Zeiten der 1970er, knotete sich ein Lederband um die Stirn, kaufte, anstelle von Weihnachtsgeschenken für die Familie, ein Motorrad, mit dem er ab sofort jedes Wochenende übers Land donnerte; und statt mit der Familie zu verreisen, fuhr er zu Pow Wows nach Kanada, zu den rituellen Treffen der Indianer Nordamerikas …

Sich richtig auseinandersetzen, sich abkoppeln, ein neues, eigenständiges Leben beginnen, eine offizielle Trennung oder Scheidung – das wollten alle diese Männer jedoch nicht.

Männergeschichten

Mit den Eingeborenen des Midlife-Männer-Landes ins Gespräch zu kommen war natürlich auch für mich als Journalistin nicht ganz so einfach wie mit meinen Geschlechtsgenossinnen. In der Kneipe hätte ich jedenfalls mit keinem fremden Mann ein Gespräch über seine Orientierungslosigkeit, seine Depressionen, seine Versagensängste, Erektionsstörungen, Beziehungsprobleme, Ausbruchs- oder Liebeswünsche anzetteln mögen. Das hätte sicherlich zu massiven Missverständnissen geführt. Lieber fragte ich vorsichtig bei Freunden und Bekannten an, ob sie selbst zu einem Gespräch bereit wären, und verließ mich ansonsten auf die Vermittlung von Fachleuten, etwa Leiter von Männergruppen, Therapeuten und natürlich auf meinen im ersten Kapitel bereits erwähnten Bruder.

Die Männer, die sich dann zu einem Gespräch mit mir bereitfanden, waren zwischen 45 und 63 Jahre alt. Die meisten um die 50. Und fast alle erzählten rückblickend von ihren schwierigsten, unruhigsten Zeiten. Ausdrücklich betonten sie, dass sie vor ein paar Jahren, in der Situation selbst, nicht über sich hätten Auskunft geben können und wollen. Sie seien damals komplett verwirrt gewesen, zwischen Ausbruchslust und Depression, zwischen Veränderungswünschen und Existenzangst.

Die meisten waren um die 50. Sie erzählten rückblickend von ihren schwierigsten, unruhigsten Zeiten.

Zu dem Zeitpunkt, als wir miteinander sprachen, hatten sie also schon einen weiten und beschwerlichen Weg hinter sich – eine Abenteuerreise in ihr eigenes Innenleben. Das Schlimmste hatten sie bereits überstanden, die größten Hürden genommen.

Was mich anfangs übrigens nervte, worüber ich mich aber ab dem vierten Interview köstlich amüsieren konnte – sogar gemeinsam mit den Männern: Ausnahmslos alle erklärten mir, sie seien zwar gern zum Gespräch bereit, wollten aber vorausschicken, dass sie mit Sicherheit kein typischer Midlife-Mann wären. Das klang dann so: »Also bei mir trifft das Klischee nicht zu«; »ich bin sicherlich nicht repräsentativ für meine Altersgruppe«; »bei mir war das eine ganz individuelle Geschichte«; »mein spezieller Fall liegt völlig anders«; »ich passe bestimmt nicht ins Bild«. Außerdem hielten sie sich allesamt für wesentlich jugendlicher, fitter, geistig beweglicher und jünger aussehend als ihre Altersgenossen.

Als erste Forschungsergebnisse konnte ich also festhalten: Es ist anscheinend typisch für den Midlife-Mann, dass er auf gar keinen Fall als typisch gelten möchte. Und: Offenbar weiß der Mann dieser Generation immer noch sehr wenig von anderen Männern. Denn hätten sich meine Gesprächspartner mit ihren Geschlechts-, Alters- und Leidensgenossen ausgetauscht, wüssten sie, dass sie mitnichten Einzelfälle sind, sondern dass die anderen ganz ähnlich ticken. Auf dieses Thema kommen wir in einem späteren Kapitel noch einmal zurück. (Kapitel 6, *Männerfreundschaften? Fehlanzeige!* siehe S. 153.)

Typisch Midlife-Mann: Er will auf gar keinen Fall typisch sein!

Im Verlauf der Interviews war ich schlicht beeindruckt von dem Mut und der Offenheit, mit der diese coolen Kerle über sich und ihre Lebens- und/oder Beziehungskrise sprachen. Solche Geschichten kannte ich bisher nur aus der Sicht von Frauen. Jetzt kommen also einmal die Männer zu Wort.

Gernot

Gernot ist 52, hat drei Kinder und ist geschieden. »Mit 44 hatte ich meine schwerste Zeit«, erzählt er. »Ich war damals beruflich extrem eingespannt und führte eine Wochenendehe. Ich arbeitete in Stuttgart und lebte dort unter der Woche als Single, während meine Familie in einem Dorf in der Nähe von Ulm wohnte.

Meine Frau hat mir mein vermeintlich freies Leben und meinen beruflichen Erfolg in der Stadt immer geneidet, dabei habe ich mich da bloß abgearbeitet. Sie wollte unbedingt ganz für die Familie da sein und nicht arbeiten gehen und hat dann mit aller Macht durchgesetzt, dass wir noch ein drittes Kind bekommen. Ich wollte das nicht, ich habe sie beschworen: Wir sind nicht mehr jung, die Risiken steigen auch fürs Kind, wir haben zwei wunderbare gesunde Kinder, wir wollen es dabei bewenden lassen! Aber es ging dann so weit, dass sie drohte: ›Entweder von dir, oder ich lass mir von einem anderen ein drittes Kind machen.‹

So bekamen wir unseren Jüngsten. Felix wurde zu früh geboren. Er hat eine schwere Behinderung, eine autistische Störung, so dass er rund um die Uhr betreut werden muss.

»Wir waren Mitte vierzig. Da wollte sie unbedingt ein drittes Kind. Hätte ich mich geweigert, hätte sie sich getrennt.«

Ich war damals als Führungskraft komplett auf Leistung getrimmt und hatte große Schwierigkeiten, dieses Kind anzunehmen. Im Jahr 2008 war ich dann schließlich komplett aufgerieben auf allen Ebenen meines Lebens, und ein Therapeut diagnostizierte Burn-out.

»Ein Therapeut diagnostizierte Burn-out.«

Ich konnte glücklicherweise aus dem Job aussteigen. Damit kam allerdings der große finanzielle Einbruch, und genau in dieser Situation hat meine Frau mich verlassen. Eine unglaubliche Niederlage. Allein der Imageverlust. Stellen Sie sich vor: Da war vorher der angesehene, supererfolgreiche Unternehmer. Es gab ein großes Haus, zwei große Autos standen davor – und dann auf einmal gar nichts mehr …

Wenn Sie mich fragen, ob ich meiner Exfrau etwas vorwerfe – schwer zu sagen. Oder doch. Sie war schon sehr fordernd und kompromisslos. Sie hat immer nur geschaut, was für sie wichtig war, und nie gefragt: ›Wo könnte ich mal zurückstecken?‹ Sie hatte die Haltung, Frauen sind grundsätzlich das bessere Geschlecht, weil multitaskingfähig und einfach intelligenter. Männer haben gemäß diesem Klischee eigentlich keine Funktion, höchstens als Väter und Versorger.

Ich muss zugeben, dass ich bis Ende vierzig gar nicht wusste, wie mein eigener Standpunkt überhaupt aussah. Aussehen könnte. Nicht nur in der Beziehung zu meiner Frau, sondern überhaupt – wer ich war, und meine innere Haltung zur Welt. Ich fühlte mich meiner Frau und ihrer Biologie ausgeliefert, weil ich noch auf der Suche war.

»Ich muss zugeben, dass ich bis Ende vierzig nicht einmal wusste, wie mein eigener Standpunkt aussah.«

Ich musste eine eigenständige Sicht der Welt erst noch entwickeln; grundsätzlich war ich noch immer stark von meiner Herkunftsfamilie bestimmt. Sehr katholisch-konservativ und konventionell. Es hat lange, lange gebraucht, bis ich diese Normen beiseiteschieben konnte.

Heute kann ich auch offen über meinen Sohn sprechen, denn ich habe mein Prestigedenken abgelegt, Gott sei Dank. Jetzt freue ich mich an meinem Jüngsten, dem Felix. Ich liebe ihn und habe gemerkt: So ein behindertes Kind macht einem auch klar, was wichtig ist im Leben, das vertieft viele Themen.«

Johannes

Johannes schüttelt den Kopf, wenn er zurückdenkt. Er ist jetzt 54 und erinnert sich an seine größte Lebenskrise mit 43. Einige Jahre zuvor hatte er eine Fernbeziehung begonnen: Mannheim-Hannover. »Für mich war das in Ordnung. Ich fühlte mich als ständig Reisender, als Nomade. Wenn ich mit Evelyn zusammen war, war es schön, ich fand sie körperlich sehr attraktiv, aber dann bin ich wieder weggefahren, und das war auch gut. Ich wollte einfach kommen und gehen, wie es mir passt.

Ich hatte keinerlei Vorstellung, kein Bewusstsein davon, was eine Beziehung überhaupt sein könnte. Ich hab einfach mein Ding gemacht, mir geholt, worauf ich Lust hatte, und konsumiert. Es war eine Art Beziehungs-Blindheit. Null Sensorium in dem Bereich. Regelrecht unterentwickelt. So sehr, dass ich nicht einmal unter meinem Mangel an Beziehungsfähigkeit litt.

»Ich hatte keinerlei Vorstellung, kein Bewusstsein davon, was eine Beziehung überhaupt sein könnte.«

Aber dann wurde Evelyn schwanger, und ich geriet in die Krise. Ein Gefühl von totaler Orientierungslosigkeit. Als das Kind da war, fuhr ich alle zwei Wochen nach Hannover, zugleich hatte ich ständig ein schlechtes Gewissen, weil ich als Vater nicht wirklich präsent war. Ich kam von der Frau nicht los. Das ging jahrelang so unentschieden weiter: Ich war nicht da, aber auch nicht weg. Ich war ein ›Wischiwaschi‹. Der Höhepunkt dieser Phase war mit 43 erreicht.

Aber dann hab ich den Absprung geschafft, weil ich plötzlich ein berufliches Thema hatte, dem ich mich widmen wollte. Ich nahm mir vor, meine unreifen Bedürfnisse, die doch nur Leid auslösten – inzwischen auch bei mir selbst –, einmal außen vor zu lassen und meine Kräfte zu bündeln, sonst hätte ich diese Arbeit auch nicht hingekriegt. Danach wusste ich: Jetzt bist du erwachsen. – Hat ja auch lange genug gedauert.

Dazu passte, dass ich im Zusammenhang mit dieser Arbeit zum ersten Mal in meinem Leben einer Frau begegnet bin, mit der ich eine echte Beziehung eingehen wollte und konnte. Meine erste richtige Liebe – mit 45!

»Meine erste richtige Liebe – mit 45!«

Als ich sie kennenlernte, war Manuela bereits an Brustkrebs erkrankt. Wir lebten zusammen, und ich begleitete sie die vier Jahre, die ihr noch blieben.«

Armin

Armin ist gerade 50 geworden und schaut besorgt auf seinen winzigen Bauchansatz. »Ich war immer total dünn«, sagt er, »und dieser Bauch ist tatsächlich erst innerhalb der letzten zwei Jahre gewachsen.« Auch Armins Erwachsensein als Mann scheint erst vor etwa zwei Jahren begonnen zu haben:

»Als ich 40 war, bekamen wir unseren Sohn. Mit dem Kind haben wir uns die ersten paar Jahre wirklich als Eltern gefühlt. Wir wollten das unbedingt durchziehen, gemeinsam und verantwortlich. Meine Frau hat gut verdient, ich hatte nur unregelmäßige Einnahmen als bildender Künstler – ich male und mache Installationen. Deshalb musste ich auch immer bereitstehen, wenn sie zur Arbeit ging, und mich um das Kind kümmern. Jetzt ist unser Sohn neun.

Eigentlich war es von Anfang an so, dass meine Frau total dominant war. Sie hat versucht, aus mir einen auch finanziell er folgreichen Künstler zu machen. Sie wollte einfach wirtschaftlich versorgt sein. Sicherheit war ihre Priorität Nummer eins.

»Sie wollte einfach wirtschaftlich versorgt sein. Sicherheit war ihre Priorität Nummer eins.«

Aber sie war auch bei Kleinigkeiten sehr bestimmend. Es war ihr immer wichtig, dass wir als ordentliches Ehepaar auftreten, und deshalb bat sie mich zum Beispiel, im Restaurant für uns einen Tisch auszusuchen. Aber kaum hatte ich das gemacht, war sie damit unzufrieden, hat einen anderen gewählt, und da mussten wir uns dann hinsetzen.

Wir hatten beide schon lange keine Freude mehr am Sex. Und ich hatte immer mehr den Eindruck, dass sie ihr eigenes Drehbuch hatte, in dem auch der Rollentext für mich schon geschrieben stand.

Sie hatte dann einen Freund, der wesentlich älter war als sie, und der im Bett wohl aggressiver war als ich. Ich habe mich zurückgezogen und immer häufiger in meinem Atelier übernachtet, musste aber morgens früh um sechs wieder zu Hause antreten, um für den Kleinen, der damals erst drei war, da zu sein, wenn meine Frau zur Arbeit ging.

»Sie hatte einen Freund, der wesentlich älter war als sie, und der im Bett wohl aggressiver war als ich.«

Ich hatte dann auch eine Freundin, war aber immer in Rufbereitschaft. Meine Frau bestand darauf, dass wir nach außen hin weiter als Ehepaar auftreten sollten. Darauf habe ich Rücksicht genommen.

Bis mir irgendwann alles über den Kopf wuchs: Ich hatte einen Abgabetermin für einen Kunstkatalog mit eigenen Texten, ich musste meine Projekte weiter durchziehen, um das Geld zu verdienen und meinen Beitrag zum Familienunterhalt zu leisten, und zwischendurch hatte ich immer den Job, auf das Kind aufzupassen. Ich war allein, frisch von der Freundin verlassen und überarbeitet, und schließlich wurde ich richtig krank. Hohes

Fieber, und ich kam nicht mehr auf die Beine. Es war das, was man, etwas altmodisch, Nervenzusammenbruch nennt. Ich war 45 und wusste nicht mehr weiter. Ich fühlte mich komplett in der Zwickmühle. Nichts funktionierte.

In der Beziehung zu meiner Frau habe ich mich lange Zeit immer wieder gefügt und dachte: Ich muss mich eben mehr anstrengen, noch mehr zu Diensten sein, dann wird es besser funktionieren, dann wird sie mich lieben. Sie hat aber daraufhin nur noch mehr Druck gemacht und noch mehr Einsatz von mir gewollt. Innerlich habe ich mich zunehmend zurückgezogen, um ihr bloß keinen Anlass zur Klage zu geben. Bis ich mich ihr nur noch mit einer Maske gezeigt habe. Und wenn sie weg war, habe ich meine Freiräume genutzt.

»Ich habe mich gefügt und dachte immer: Ich muss mich eben mehr anstrengen.«

Ich habe meinen eigenen Text nicht gesehen. Ich wusste nicht, was ich selbst eigentlich sagen wollte. Ich habe nur reagiert. Ich habe nach dem Nervenzusammenbruch eine Therapie gemacht, in der ich mir über mich selbst klarer werden konnte.

Inzwischen sind wir geschieden, meine ehemalige Frau hat einen neuen Mann und lebt mit unserem Sohn in einer Patchwork-Familie. Der Kleine ist zu geregelten Zeiten bei mir. Ich habe seit drei Jahren eine fast 30 Jahre jüngere Freundin, mit der alles anders ist. Am wichtigsten ist aber, dass ich auch als Künstler eine völlig neue Richtung eingeschlagen habe, dass ich endlich viel näher bei mir und meinen echten inneren Anliegen angekommen bin. Ich arbeite und lebe jetzt komplett anders.«

Hannes

Hannes ist 51 und Feinmechaniker. Mit 33 hat er seine zweite Frau Astrid kennengelernt. Er begegnete ihr bei einem einwöchigen Tantra-Kurs.

»Unsere Schwierigkeiten hatten schon sehr früh angefangen, aber das merkt man ja fast immer erst im Rückblick.«

»Nach achtzehn Jahren habe ich die Beziehung hingeschmissen, das ist jetzt zwei Jahre her. Unser Sohn Béla war damals dreizehn. Die Schwierigkeiten miteinander hatten schon sehr früh angefangen, aber das merkt man ja fast immer erst im Rückblick.

Als unser Sohn Béla geboren wurde – er kam etwas zu früh und musste noch ein paar Wochen in den Brutkasten –, war ich 36 und Astrid 39. Unser Liebesleben war schon nach dem ersten Rausch abgeflaut, und nach der schwierigen Geburt und mit dem winzigen Béla wurde es nicht besser. Wir zogen in das Haus, das ich geerbt hatte, ein. Ich habe damals gut verdient, hatte Führungsaufgaben und habe mich darangemacht, auch noch das heruntergekommene Haus zu renovieren und für unsere kleine Familie wohnlich herzurichten. Astrid hat sich da rausgehalten, und mir fiel auf, dass sie meinen Arbeitseinsatz nie richtig würdigte. Als ich mit allem fertig war, hat sie sich nur darüber beschwert, dass ich noch keinen neuen Duschvorhang besorgt hatte.

»Mir fiel auf, dass sie meinen Arbeitseinsatz nicht richtig würdigte.«

Auch als Paar haben wir kaum mehr etwas gemeinsam unternommen. Wir dachten aber immer noch darüber nach, dass wir eigentlich noch ein zweites Kind möchten. Eines Tages kam Astrid von einer Fortbildung zurück, setzte sich mir auf den Schoß und teilte mir freudestrahlend mit, sie habe sich entschieden, kein Kind mehr zu bekommen. Sie schaffe das nervlich nicht, Punkt – beziehungsweise: Ausrufezeichen!

In diesem Moment fühlte ich mich völlig ausgeschlossen. Wie sie mir das einfach mitgeteilt hat, so strahlend. Die Entscheidung war sicherlich richtig, aber mich hat es sehr getroffen, dass meine Wünsche und Vorstellungen überhaupt keine Rolle spielten. Ich hatte den Eindruck, *ich* würde in ihrer Lebensplanung keine Rolle mehr spielen.

Ab einem gewissen Zeitpunkt sah ich in meinem Job kaum mehr Entwicklungsmöglichkeiten. Ich bekam die Chance, ein Sabbat-Jahr zu nehmen, in dem ich mich umorientierte. Ich merkte schnell, dass ich mehr mit Menschen arbeiten wollte, und habe eine Fortbildung gemacht, in der es neben beruflichen auch um persönliche Themen ging. Da habe ich zum ersten Mal einiges über mich selbst erfahren und festgestellt, dass ich mit vielen Kompromissen gelebt habe, die mir nicht guttaten. Im Beruf wie im Privatleben. Ich hatte bis dahin wenig von mir selbst gewusst.

»Ich habe festgestellt, dass ich mit vielen Kompromissen gelebt habe, die mir nicht guttaten. Im Beruf wie im Privatleben.«

Aus der Fortbildung entwickelte sich eine Zusatzausbildung, die ich nach dem Jahr anfing, in dem mich mein Arbeitgeber freigestellt hatte. So wurde mein achtundvierzigstes Lebensjahr das bisher anstrengendste für mich. Ich war in der Firma voll eingespannt, machte parallel meine Ausbildung, mit der ich mich dann als Berater selbstständig machen wollte, und hatte enormen Beziehungsstress. Bis vor kurzem habe ich immer gedacht: Wenn erst das Haus fertig umgebaut ist; wenn erst das Kind größer ist; wenn wir noch eine Therapie gemacht haben; wenn wir noch dies und das ändern, hier und da an unserer Beziehung rumbasteln; wenn ich beruflich wieder auf den Beinen bin – dann wird es auch wieder gut werden mit uns. Ich habe also meine Zufriedenheit in die Zukunft verlagert. Im Moment aber, im Jetzt, war es nie gut. Nur in unserer allerersten gemeinsamen Zeit.

Erst heute, im Rückblick, wird mir klar, mit wie vielen Neins ich mich abgefunden habe, und was diese Neins – vor allem Astrids völliges Desinteresse an Intimität und Sex – für eine ungesunde Überfülle von Bedürfnissen, Phantasien und Wünschen in mir erzeugt hat.

Ich bin jetzt dabei, meine eigene Beratungsfirma aufzubauen. Ich bin mir sehr sicher, dass das der richtige Weg für mich ist, auch wenn ich im Moment noch nicht genug verdiene. Es ist ein gutes Gefühl, endlich das zu tun, was ich aus innerster Überzeugung will und was mir am meisten liegt. Ende letzten Jahres haben Astrid und ich die Scheidung eingereicht, wir warten jetzt auf den Scheidungstermin. Vor einem Jahr wollte Béla zu mir ziehen. Das hat mich unheimlich gefreut, und so bin ich jetzt alleinerziehender Vater eines fünfzehnjährigen Jungen.

»Es ist ein gutes Gefühl, endlich das zu tun, was ich aus innerster Überzeugung will.«

Ich hatte immer das gute Gefühl gehabt, im Vollbesitz meiner Kräfte zu sein, beim Bergwandern zum Beispiel. Dann gab es eine Phase, in der ich körperlich verunsichert war, Angst hatte zu straucheln. Das hing auch mit den schlechter gewordenen Augen zusammen. Mein Gefühl der Kontrolle war dadurch eingeschränkt, ich war irgendwie aus dem Tritt gekommen.

Interessant, dass ich jetzt wieder Tritt gefasst habe. Insgesamt. Ich bin beruflich auf dem richtigen Weg, und ich fühle mich heute auch in den Bergen wieder ganz sicher. Schon seltsam, wie das alles zusammengeht, wie die körperliche, seelische und berufliche Ebene zusammenhängen. Im Moment fühle ich mich so trittsicher und fit wie schon seit Jahren nicht mehr.

»Im Moment fühle ich mich so trittsicher und fit wie schon seit Jahren nicht mehr.«

Ich finde nur, dass ich nach wie vor zu viel trinke und rauche. Diese Süchte hab ich noch nicht ganz im Griff.«

Gerhard

Gerhard wird in drei Monaten fünfzig und verdreht bei unserem Gespräch die Augen: »Fünfzig! Ich finde, das hört sich schon monströs an! Und vordergründig gibt es da ein paar ganz miese neue Kleinigkeiten, die mich irritieren und beschämen. Die Haare zum Beispiel, die auf und aus den Ohren und den Nasenlöchern sprießen, wenn man mal wieder vergessen hat, das zu kontrollieren. Dazu der Verlust der Haare auf dem Kopf, der einen auch nicht schöner macht.

Das erotische Erleben hat sich verändert, es ist irgendwie breiter geworden, aber keineswegs nur zum Guten. Es ist weniger gezielt sexuell als in jüngeren Jahren. Aber das finde ich nicht nur gut. Ich bin da sehr ambivalent. Manchmal braucht es ewig, bis wir in Gang kommen, oder mir wird, weil ich insgesamt mehr und bewusster wahrnehme, auch das Altern der Körper bewusster. Das ist nicht schön.

»Manchmal braucht es ewig, bis wir in Gang kommen. Mir wird auch das Altern der Körper bewusster.«

Meine Männlichkeit sehe ich allerdings nicht eingeschränkt oder in Gefahr. Erektionsstörungen hab ich schon immer gehabt, das war nie ein Problem, man kann ja genügend andere Sachen miteinander anstellen.

Für mich hängt ›Männlichkeit‹ überhaupt nicht mit körperlichen Dingen wie Zeugungsfähigkeit oder Dauererektionen zusammen. Ich mache das viel mehr an intellektuellen Dingen fest: dieses dringende, drängende Wissenwollen, der Forschergeist; nicht zu akzeptieren, was ist, sondern immer die Grenzen auszuloten.

Jedenfalls spüre ich den Forscherdrang in mir als eine männliche Qualität. Damit hängt aber auch ein ständiges Hinterfragen und eine ständige Unzufriedenheit mit dem Ist-Zustand zusammen. Ich habe eigentlich mein bisheriges Leben lang immer gehadert. Anders kenne ich mich gar nicht.

Ich habe viele Therapien gemacht, unter anderem auch Selbsterfahrungskurse in der Wildnis, und, so gut es ging, meinen Beruf vorangebracht. Aber als ewiger Haderer war ich immer auf der Flucht, nirgendwo zu Hause und habe sogar berufliche Angebote ausgeschlagen, sobald ich mich hätte festlegen sollen.

Das Hadern war mein vertrautes Lebensgefühl, also habe ich mich wieder darin eingerichtet. Immer im Mangel, immer im Selbstzweifel und dem Gefühl von Heimatlosigkeit und Unentschlossenheit.

Ich hatte auch keine Wünsche. Überhaupt keine Wünsche an das Leben. Ich wusste nicht einmal, was ich mir hätte wünschen können. Ich war eigentlich immer wunschlos unglücklich. Ich war von meinen Gefühlen wie abgeschnitten. Oben war dieser gut funktionierende Intellekt und unten so etwas wie Intuition und Trieb, aber es fühlte sich an, als würde die Verbindung dazwischen fehlen, die Gefühlswelt, die Herz und Hirn ineinander verschränkt. Ich konnte mich selbst nicht fühlen. Ich wusste nichts von mir, nicht wer ich war, nicht was ich wollte. Die Suche nach mir selbst hat bis vor kurzem angedauert!

> **»Ich konnte mich selbst nicht fühlen. Ich wusste nichts von mir, nicht wer ich war, nicht was ich wollte.«**

Ich war schon 39, als ich meine jetzige Frau getroffen habe, sie ist ein Jahr jünger. Zwei Jahre später kam unser erstes Kind zur Welt, und wir haben geheiratet. Für mich war es wunderbar, Vater zu werden. Zum ersten Mal fühlte ich mich irgendwie geerdet.

Vor wenigen Wochen las ich einen Satz des Philosophen Walter Benjamin: ›Glücklich sein heißt: ohne Schrecken seiner selbst innewerden können.‹ Dieser Spruch hat mich getroffen wie ein Erkenntnisblitz, denn gerade jetzt, kurz vor meinem fünfzigsten

Geburtstag, habe ich das Gefühl, dass ich erstmals ohne Schrecken ›meiner selbst gewahr werden‹ kann. Bisher hatte ich immer Angst davor, auf welche Schrecken ich in mir noch stoßen könnte. Das ist auf einmal vorbei. Nach Walter Benjamin wäre ich nun also plötzlich ›glücklich‹.

Es war die Tatsache, dass ich diesen Sohn habe, die schließlich und endlich dazu geführt hat, dass ich mich heute ›ganz‹ fühlen kann. Das ist schon komisch. Zum ersten Mal in meinem Leben fühlt sich das so an. Gleichzeitig habe ich Gicht in der Schulter und hier im Gelenk, und beim Fußball überholt mich ein älterer Kumpel, der besser trainiert ist, locker.

»Das ist schon komisch. Zum ersten Mal in meinem Leben fühle ich mich ›ganz‹.«

Aber ich glaube, irgendwie gehört das zusammen, greift ineinander – die eine Entwicklung wäre ohne die andere vielleicht gar nicht möglich: Der Körper musste etwas schwächer werden, zugleich konnte der Geist ruhiger werden und bei sich ankommen.«

Wie desorientierte Männer ihre flotten Frauen sehen

Dass das Nachlassen der physischen Kräfte auf geheimnisvolle Weise damit zusammenfällt, dass sich ihnen ein bislang weitgehend verschlossener Zugang zu ihrem eigenen Inneren öffnete; dass sie ab der Lebensmitte empfänglicher für eine breitere Palette an Empfindungen wurden – beides haben alle meine Gesprächspartner schmerzhaft und mit unterschiedlichen Auswirkungen erlebt.

Doch so ist es leider: Ohne Not ändert sich kein Mensch. Und ein Mann schon gar nicht. In den hier genannten Fallbeispielen musste Gernot anscheinend erst einen Burn-out erleben, der ihn zwang, sich mit seiner eigenen Schwäche und seinem Versagen auseinanderzusetzen. Erst dann war er seelisch in der Lage, das Schicksal anzunehmen, dass er einen behinderten Sohn hat. Ab diesem Zeitpunkt war er innerlich so weit, dieses Kind lieben und sich auch aus anderen gesellschaftlichen Zwängen befreien zu können. Die seelische Öffnung ermöglichte es ihm schließlich auch, seinen beruflichen Weg gemäß seinem veränderten Lebensgefühl neu zu definieren.

Ohne Not ändert sich kein Mensch. Und ein Mann schon gar nicht.

Armin musste von seiner Freundin verlassen und schwer krank werden, bevor er das ganze Ausmaß seiner Beziehungsmisere fühlen und ein selbstbestimmtes Leben beginnen konnte. Und Hannes musste sich anscheinend zwischen Job, Zusatzausbildung, Hausrenovierung und Beziehungsstress bis zur Erschöpfung aufreiben, um endlich zu spüren, dass er seine verletzten Gefühle und wichtigsten Bedürfnisse viel zu lange verdrängt, beziehungsweise gar nicht recht wahrgenommen hatte. Erst dann konnte er ein neues Ziel in seinen Lebens-Navigator eingeben.

In den seltensten Fällen empfinden Midlife-Männer die Erweiterung ihres Blickfeldes von Anfang an als Bereicherung. Für die meisten bedeutet sie zunächst eine Bedrohung. Denn mehr mitzukriegen von sich selbst ist nicht nur ungewohnt und darum unheimlich, sondern auch schambesetzt. Die damit einhergehende Verunsicherung passt einfach nicht zur Vorstellung vom unverwundbaren, zielorientiert agierenden Mann.

In den seltensten Fällen empfinden Midlife-Männer die Erweiterung ihres Blickfelds von Anfang an als Bereicherung.

Ein Psychologe, mit dem ich sprach, hat seine persönliche Ambivalenz ironisch auf den

Punkt gebracht: Zwar hält er seine neue (Be-)Rührbarkeit für eine natürliche Begleiterscheinung des Älterwerdens, bezeichnet die Symptome aber abwehrend mit dem medizinischen Fachbegriff »Affektinkontinenz«, der klingt, als handle es sich um eine hochnotpeinliche Krankheit, wenn ein reifer Mann zum Beispiel im Kino weinen muss oder gereizt aus der Haut fährt.

Es braucht Zeit, bis ein Mann sich in seiner inneren Welt so weit auskennt, dass er sie als seine eigene annehmen und sich einigermaßen selbstbewusst darin bewegen kann. Er hat anfangs oft nicht einmal Worte dafür.

Ein Mann, der befürchten muss, die Kontrolle zu verlieren, fühlt sich unwohl.

Und ein Mann, der sich nicht artikulieren kann, der befürchten muss, die Kontrolle zu verlieren, fühlt sich unwohl. Und das ist ziemlich uncool. Ein »richtiger Mann« sollte in seinem Selbstverständnis doch stets in der Lage sein, »Klartext zu sprechen« und als »Fels in der Brandung« dazustehen. Das frisch aufgewühlte Meer in seinem Innern aber hat die Macht, diesen Fels zu unterspülen, ins Wanken oder gar zu Fall zu bringen.

In der Welt der Emotionen haben die Frauen die Oberhand.

Kein Wunder, dass die Männer ihre Frauen gerade in jener Zeit als übermächtig wahrnehmen, in der sie selbst emotional aufwachen und ein Gefühl für sich selbst entwickeln. Eine Zeit, in der ein nagendes Unbehagen an die Oberfläche drängt und sich eine vielleicht noch vage Unzufriedenheit mit sich und der bisherigen Lebenssituation breitmacht. Genau in diesem fast undurchdringlichen »Gefühlssumpf«, wie Männer die Welt der Emotionen gerne nennen, bewegen sich die Frauen nämlich lange schon ziemlich souverän – auf ihre spezifisch weibliche Art. Und haben dadurch die Oberhand.

Nichts lag für die genannten, aber auch für viele andere Männer in der Vergangenheit näher, als es ihren »Expertinnen« zu überlassen, das Beziehungsgeschehen zu bestimmen. Umgekehrt war es nur logisch, dass die Frauen den Job der Managerin des Privatlebens übernahmen, und zwar umso zupackender, je mehr sich die Männer von dieser Baustelle fernhielten. So etabliert sich fast automatisch ein massives Ungleichgewicht.

Beinahe ausnahmslos berichteten meine Gesprächspartner, dass sie sich in ihren Beziehungen wie minderbemittelt fühlten, während ihre Frauen wussten und sagten, wo's langgehen sollte – von der Kinderzahl über die Urlaubsplanung, die Art der Einkünfte und ihrer Verwendung bis hin zur Häufigkeit des Geschlechtsverkehrs. Das Gefühl, als Mann quasi fremdbestimmt zu leben, nahmen sie allerdings erst jenseits der vierzig deutlich wahr.

Und da hätten sie dann nichts zur Verfügung gehabt, was sie den Frauen hätten entgegensetzen können, sagen die Männer. Keinen Plan – von sich selbst:

»Ich wusste nicht einmal, was ich mir hätte wünschen können. Ich war eigentlich immer wunschlos unglücklich.«

Welchen Titel trägt das dünnste Buch der Welt? *Alles, was Männer über Frauen wissen.* – Falsch! Der Buchtitel müsste lauten: *Was Männer über sich selbst wissen.*

»Wir Männer haben Scheuklappen, ich sah absolut keine Alternative zu den Vorgaben meiner Frau. Es war einfach so, und ich habe das akzeptiert.«

»Ich hatte den Tunnelblick. Ich habe nur auf meine beruflichen Ziele geschaut, die aber auch nicht wirklich selbstbestimmt waren. Ich hatte keine Idee, was ich hätte anderes machen können und wollen.«

»Ich muss zugeben, dass ich bis Ende vierzig nicht wusste, wie meine Sicht der Welt aussah. Ich fühlte mich meiner Frau irgendwie ausgeliefert.«

»Ich konnte mich selbst nicht richtig spüren, war von meinen Gefühlen wie abgeschnitten.«

»Ich habe mich gefügt und dachte immer: Ich muss ihr noch mehr zu Diensten sein, tun, was sie fordert, dann wird die Beziehung besser funktionieren, dann wird sie mich lieben.«

»Ich habe meine Zufriedenheit in die Zukunft verlagert. Ich dachte immer, das kommt noch. Im Moment aber, im Jetzt, war es nie gut.«

»Ich habe meinen eigenen Text nicht gesehen. Ich wusste nicht, was ich selbst eigentlich sagen wollte. Ich habe nur reagiert.«

»Ich hatte keine Wünsche an das Leben. Ich lebte immer im Mangel, immer im Selbstzweifel und in dem Gefühl von Heimatlosigkeit und Unentschiedenheit.«

»Eigentlich war es von Anfang an so, dass meine Frau total dominant war.«

Note Fünf im Fach »Männlichkeit«

Bernhard Claus Sander (Jahrgang '60), systemischer Männercoach in München, kennt solche Geschichten von der Übermacht der Frauen und der Unklarheit der Männer aus seinen Männergruppen. Derzeit treffen sich in seinem Gruppenraum einmal im Monat rund zehn Männer zwischen 38 und 59 Jahren. Die überwiegende Mehrheit ist aber – »Na, was glauben Sie?«, fragt Sander grinsend und antwortet selbst: »zwischen 44 und 51. Die klassische Zielgruppe.«

»Wenn es um das Thema Partnerschaft geht, beurteilen sich Midlife-Männer selbst als ›mangelhaft‹ und ›ungenügend‹.«

Die Männer kommen zu ihm in die Gruppe, weil ihnen bewusst geworden ist, dass etwas nicht stimmt, dass sie aus dem Lot sind. »Und besonders dann, wenn es in der Runde um das

Thema Partnerschaft geht, beurteilen sie sich selbst als ›mangelhaft‹ und ›ungenügend‹. Ist doch furchtbar, oder?«

Welch obskure Blüten mangelndes männliches Selbstbewusstsein im Einzelfall treiben kann, erzählen zwei Männer.

Ernst: »Meine Frau wollte vor allem konsumieren. Sie hat 30 000 Euro, die ich beiseitegelegt hatte, einfach ausgegeben, und zwar für völlig unnützen Kram, wie ich noch heute finde: Viel zu viel Spielzeug für unsere Kinder zum Beispiel – Massen von Barbiepuppen, Computer- und Technikspielen für den Jungen –, jede Menge viel zu teure Klamotten, Skiausrüstungen und ausschließlich First-Class-Ernährung. Ich fand das alles unnötig und auch unpädagogisch, habe meine Frau bei der Kindererziehung aber einfach machen lassen. Dann hat sie bei ihrer letzten Urlaubsplanung, bevor sie mich verlassen hat, zwei Pauschalfernreisen aus Prospekten rausgesucht. Ich hatte die Wahl: die Reise für 10 000 oder die für 15 000 Euro zu buchen. Ich habe dann die teurere gebucht, weil ihr das so wichtig war.

Dabei mag ich überhaupt keine Pauschalreisen! Mochte ich noch nie. Ich wäre viel lieber mit dem Camper aufs Geratewohl losgefahren. Abenteuerurlaub, Natur erleben, mit den Kindern Lagerfeuer machen, draußen schlafen. Meine Frau wollte immer nur in Luxushotels absteigen. Aber ich habe nie richtig widersprochen. Ich habe das viel zu lange mitgemacht. Und ich weiß gar nicht, warum. Wir hatten völlig unterschiedliche Vorstellungen vom Leben.«

»Ich habe nie richtig widersprochen. Dabei mag ich überhaupt keine Pauschalreisen!«

Bald nach dem teuren gemeinsamen Urlaub hat sich die Frau von Ernst getrennt und sich einem anderen Mann zugewendet, obwohl Ernst doch all ihre materiellen Wünsche erfüllte – oder vielleicht gerade deshalb?

Auch Armin konnte sich seiner Frau gegenüber nicht behaupten: »Meine Frau hat doch tatsächlich den Code für mein Tagebuch im PC geknackt und es gelesen! Anschließend warf sie mir vor, was ich da über sie und unsere Beziehung Schlimmes hineingeschrieben hätte! Und ich habe auch noch versucht, mich zu rechtfertigen. Ich kam gar nicht darauf, ihr Vorwürfe zu machen, oder mir zu verbitten, dass sie meine Tagebücher liest! Ich habe nicht auf den Tisch gehauen. Im Gegenteil: Ich fühlte mich schlecht, hatte Schuldgefühle, weil ich da was Negatives notiert hatte.

Ich hatte Angst vor ihren Reaktionen und dachte, je mehr ich auf sie eingehe, ihr entgegenkomme und versuche, alles zu erklären und nach Möglichkeit zu entkräften, umso besser könnte es für mich ausgehen.«

»Ich hatte Angst vor ihren Reaktionen.«

Das hat leider nicht geklappt. Die Geschichte endete damit, dass sich Armins Frau einen Liebhaber suchte, der sich für ihr Wohl und Wehe wenig interessierte, der die Hosen anhatte und anbehielt, vorrangig seine eigenen Forderungen auf den Tisch knallte und auch im Bett der Bestimmer war.

Viele Männer wollen also gefällig sein, oder wenigstens nicht erwischt werden, wenn sie etwas tun, was ihren Frauen vielleicht nicht gefällt. Sie wollen gelobt werden, in der Hoffnung, dass sie dann geliebt werden, oder wenigstens nicht beschimpft oder bestraft. Wie kleine Jungs, die Angst vor Mutti haben. So viel Macht überlassen sie den Frauen.

Die Frauen ihrerseits fühlen sich durch die verwaschenen Reaktionen der Männer verunsichert. Weil sie nicht wissen, woran sie mit den Typen eigentlich sind. Weil die Männer nicht Farbe bekennen. Und sie sind enttäuscht, weil Männer, die nicht Farbe bekennen, so furchtbar blass sind. Und konturlos.

Lauter feige Typen?

In ihrem wunderbar klugen Buch *Anleitung zum Männlichsein* sind die Journalisten Andreas und Stephan Lebert der Frage nachgegangen, was Männer tun und lassen sollten, um endlich ein würdevolles männliches Dasein zu führen, eine authentische Form von Männlichkeit zu leben, die ihnen selbst guttut und nicht zuletzt auch ihren Frauen. Andreas Lebert (Jahrgang '55) ist Chefredakteur der Frauenzeitschrift *Brigitte*, Stephan Lebert (Jahrgang '61), Redakteur bei der Wochenzeitung *Die Zeit*. Selbstkritisch erörtern die Lebert-Brüder, warum sich der Mann von heute so oft als lascher »Mann ohne Eigenschaften« gebärdet:

Warum gebärdet sich der Mann von heute so oft als lascher »Mann ohne Eigenschaften«?

»In unseren Beziehungen mit Frauen tun wir vieles deshalb nicht, weil wir uns nicht trauen. Warum sagen wir ihr nicht an einem ganz normalen Sonntagnachmittag, an dem sie uns langweilt: ›Du langweilst mich‹? Warum stimmen wir zu, ihren Traum vom Haus auf dem Land zu verwirklichen, wenn uns vor der großen Ruhe zwischen Zuckerrüben graut? Warum muten wir ihr nicht mehr Unzuverlässigkeit zu? Unberechenbarkeit? Unmoralisches Verhalten?

Aus Taktgefühl? Weil man sie nicht verletzen will? (...)

Wir weichen der Auseinandersetzung am Sonntagnachmittag deshalb aus, weil wir die Folgen fürchten. Zum einen: Wie wird ihre Reaktion sein? Was wird das für ein Streit? Aber zum anderen fürchten wir noch viel mehr, dass wir eine Frage in uns selbst beantworten müssten: Wenn wir uns langweilen, warum ändern wir das nicht? Wir könnten in die Oper gehen, sie verführen – oder sie verlassen.

Ihr Traum vom Landhaus. Wenn wir dazu nein sagen würden, wüssten wir wieder nicht, wie sie reagiert. Aber noch schlimmer: Wir müssten selbst einen Traum entwerfen, eine Vorstellung vom Leben, von der Zukunft mit ihr. (…)

Männer haben sich angewöhnt, lieber in Passivität zu verharren, oder anders ausgedrückt, sie sind bequem, träge. (…) Aber es ist nicht nur Bequemlichkeit, die hier zu diagnostizieren ist. Man muss leider ein unangenehmes Wort aussprechen: Feigheit.«

Hart gehen Andreas und Stephan Lebert mit sich und ihren Geschlechtsgenossen ins Gericht. Und Feigheit ist in der Tat jene Schwäche, die Frauen ihren Männern neben Untreue und Trägheit am häufigsten vorwerfen.

Andererseits kann man davon ausgehen, dass kein Mensch einfach so, freiwillig oder gar absichtlich, feige wird. Auch kein Eingeborener im Midlife-Männer-Land. Die Feigheit des Mannes kommt nicht von ungefähr. Jemand muss ihm den Schneid abgekauft haben.

Es entspricht dem aktuellen Stand der Männerforschung, und auch nach Bernhard Claus Sanders Coaching-Erfahrung ist der Mangel an Standfestigkeit, die fehlende »Traute« der Männer – er vermeidet das Wort Feigheit – allmählich entstanden.

»Männer im mittleren Alter haben Schuldgefühle, eng verwoben mit einem Gefühl der Scham.«

»Männer im mittleren Alter haben sich an ein mehr oder weniger latentes Schuldgefühl gewöhnt, das eng verwoben ist mit einem Gefühl der Scham. Denn sie haben im Laufe ihres Lebens gelernt, dass sie ganz vieles, was unmittelbar mit ihrem Mannsein zusammenhängt, anscheinend falsch machen. Dass sie als Mann grundsätzlich nicht in Ordnung sind.« Ihre Schuldgefühle haben sie entwickelt, weil sie offenbar immer wieder Dinge tun oder getan haben, die andere, oft Frauen, verletzen. Wie Generationen von Männern vor ihnen. Scham empfinden sie gegenüber den Anteilen, die sie an sich selbst ablehnen, weil sie gelernt haben, sie als ungehörig oder schmutzig anzusehen, etwa ihre männliche Sexualität.

Von klein auf haben Männer erlebt, dass bestimmte Verhaltensweisen, in denen ihre männliche Energie zum Ausdruck kam, abgelehnt wurden. Alternativen aber, wie sie ihre Eigenart, mit der Welt in Kontakt zu kommen, ihre überschäumende Kraft zum Beispiel oder ihre Aggressionsbereitschaft, in gute Bahnen lenken könnten, lernten sie selten.

Von klein auf haben Männer erlebt, dass Verhaltensweisen, in denen ihre männliche Energie zum Ausdruck kam, abgelehnt wurden.

Stattdessen hagelte es Ermahnungen, Vorwürfe, Strafen, Verweise, schlechte Noten, Nachsitzen oder Hausarrest für Fehlverhalten. Das ging im Kleinkindalter los, wenn die Buben den niedlichen Mädchen die Sandschaufel auf den Kopf hauten; es setzte sich bei den Schuljungen fort, wenn sie wieder nicht brav stillsitzen konnten und sich in der Pause kloppten; und kulminierte in der Pubertät, wenn sie anfingen, Regeln zu verletzen, wenn sie ausfällig und frech wurden, sich in sexuellen Träumen verloren und gefährliche Sachen ausprobierten – vom riskanten Mopedfahren bis zu Alkohol oder anderen Drogen. War kein Vater oder anderer erwachsener Mann anwesend, der die Jungen unterstützend begleitete und förderte oder wenigstens ein positives männliches Vorbild abgab, hatten die Kerle, bis sie volljährig waren, schon jede Menge Herabwürdigung ihrer männlichen Energie erlebt. Bis viele es verinnerlicht hatten und sich – beschämt und schuldbewusst – selbst als Repräsentanten jenes Täter-Geschlechts »Mann« sahen, das Unbill über die Menschheit bringt.

In jedem Fall ist es heute für jeden Midlife-Mann ein persönlicher Kraftakt: seine tiefsitzenden Scham- und Schuldgefühle zu überwinden und den Begriff »Männlichkeit« für sich neu zu definieren und vor allem: positiv zu füllen. Aber es werden immer mehr, die sich beherzt an die Arbeit machen. Die ihre tiefe Verunsicherung als Chance begreifen, durchstarten und sich dann als ziemlich coole Kerle entpuppen.

Ein persönlicher Kraftakt: den Begriff »Männlichkeit« für sich neu zu definieren.

Die meisten Männer, mit denen ich gesprochen und von denen ich gehört habe, gerieten mit Anfang vierzig in die Krise, hatten aber nach einigen Jahren, meist mit Ende vierzig, das Schlimmste hinter sich und konnten oft eine völlig neue Perspektive für ihr Leben, ihre Beziehungen und ihren Beruf entwickeln.

Es gibt anscheinend Rhythmen, zeitliche Gesetzmäßigkeiten, die im menschlichen Lebenslauf angelegt sind, und die uns helfen, bestimmte Hürden zu nehmen. Eine nach der anderen.

Die magische Zahl Sieben

Die Beobachtung, dass Midlife-Männer speziell im Zeitraum zwischen Anfang und Ende vierzig die größten Umwälzungen erleben, deckt sich mit den Erfahrungen vieler Therapeuten. Auf Solon, einen der »Sieben Weisen« im antiken Griechenland, geht die Vorstellung zurück, dass das menschliche Leben in Phasen von jeweils sieben Jahren gegliedert ist.

Das menschliche Leben scheint in Phasen von jeweils sieben Jahren gegliedert zu sein.

In jeder dieser Phasen stehen demnach bestimmte physische und psychische Veränderungen und entsprechende Entwicklungsaufgaben an. Wobei die ersten drei Siebenjahresschritte im Lebenslauf besonders deutlich zu erkennen sind: Mit 1 x 7 erlebt ein Kind den Zahnwechsel und wird eingeschult, mit 2 x 7 ist es in der Pubertät, mit

3 x 7 ist das jugendliche Erwachsenenalter (früher auch die Volljährigkeit) erreicht.

In der anthroposophischen Menschenkunde und in der Waldorf-Pädagogik nach Rudolf Steiner spielt dieser Siebenjahresrhythmus bis heute eine wichtige Rolle. Im Erwachsenenalter verschwimmen die Grenzen zwischen den Phasen ein wenig.

Joachim E. Keding (Jahrgang '58), Coach, Initiator und Leiter der *Gesundheitspflege initiativ Bildungsgesellschaft* in Esslingen, arbeitet mit diesem Stufenmodell in seiner Biographischen Beratungspraxis seit fast zwanzig Jahren auch mit Erwachsenen erfolgreich.

Das Prinzip basiert auf der antiken Astrologie und geht davon aus, dass jedes Lebensalter einem bestimmten Planetengott zugeordnet ist, der es »beherrscht«, also den Charakter und die Entwicklungsaufgabe dieser Phase bestimmt.

»Mit 42 Jahren beginnt die Lebensphase, die von Mars, der auch als Kriegsgott bekannt ist, bestimmt wird«, erklärt Keding. »Diese Marsqualität kriegen die Männer zu spüren. Sie werden nun unzufrieden mit dem, was sie erreicht haben. Das Leben bekommt Risse, aber man will es noch nicht wahrhaben, wehrt sich, wird aggressiv, überreagiert aus Abwehr. Bei sehr vielen Männern bricht jetzt eine Krise aus, die bewältigt werden will.«

Denn an die sieben wilden »Marsjahre« schließt sich ab 49 oder 50 die »Jupiterphase« an. Joachim E. Keding nennt sie auch die »Königsjahre«, in denen Männer sich nicht mehr so getrieben fühlen, sondern zu einer neuen Gelassenheit, Großzügigkeit und zu dem Gefühl von Fülle gelangen können.

Nach den sieben wilden »Marsjahren«, folgt ab 50 die »Jupiterphase«, die »Königsjahre«.

An das Jupiteralter schließt sich allerdings mit Ende fünfzig dann jene Lebensphase an, die von Saturn bestimmt wird. »Das wird dann eine ernstere Geschichte«, erläutert Joachim E. Keding. »Die Endlichkeit des Lebens tritt deutlicher hervor, die Möglichkeiten, sich selbst zu täuschen, werden schwächer, der Abschied vom Berufsleben naht. Jetzt heißt es: Unwesentliches abstreifen, Ballast abwerfen, sich auf das konzentrieren, was mir im Leben wirklich wichtig ist. ›Mensch werde wesentlich!‹ Dann glückt auch der nächste Schritt, der ins Alter.«

In der indischen Lehre von den sieben Chakren findet sich ebenfalls die Einteilung des Lebens in Siebenjahreszyklen. Alle sieben Jahre durchschreitet demnach der Mensch ein Chakra, dessen Eigenschaften das Thema bestimmen, dem er sich in dieser siebenjährigen Phase zuwenden soll.

Hat man sich – ausgehend vom Basis-Chakra – in 7 x 7 Jahren, also mit 49, schließlich bis zum siebten, dem Kronen-Chakra hochgearbeitet, beginnt mit dem 50. Lebensjahr der ganze Zyklus noch einmal von vorn – wieder mit dem Basis- oder Wurzel-Chakra. Allerdings nicht mehr naiv und unbewusst wie damals als Kind, sondern auf einer neuen, »höheren« Stufe. Wenn ein Mensch 98 Jahre alt würde, könnte er demnach zwei komplette Durchläufe vollenden.

Selbst wenn man sich mit astrologischen oder esoterischen Gedanken nicht anfreunden mag – die Rhythmisierung und Aufgliederung des Lebens in überschaubare Phasen ist als Bild in jedem Fall hilfreich. Denn es zeigt: Ein sinnvolles Voranschreiten, eine aufsteigende Entwicklung ist in der menschlichen Biographie vorgesehen. Auch mit den Irritationen in der Lebensmitte kündigt sich nur ein neuer Entwicklungsabschnitt an.

Selbst wenn es einem mit 47 gerade dreckig geht, kann man darauf vertrauen, dass es besser wird, sobald man die nächste Stufe erklommen hat.

Und selbst wenn es einem mit 47 vielleicht gerade dreckig geht, kann man darauf vertrauen, dass es besser wird, wenn man seine Entwicklungsaufgabe erfüllt und die nächste Stufe erklommen hat.

Im Midlife-Männer-Land »Entwicklungshilfe« anzubieten, sollten sich Frauen allerdings verkneifen. Das kriegen die Typen schon selber hin. Sie werden vielleicht schwieriger, aber sie werden zugleich berührbarer, wenn ihre alte Maske bröckelt. Und nach und nach kann man schließlich ihr wahres und neues Gesicht erkennen, falls man aufmerksam hinguckt. – Ob uns Frauen das dann gefällt, steht natürlich auf einem anderen Blatt.

Kapitel 4

Ausflug ins Landesinnere – was im Körper des Mannes zwischen 40 und 60 passiert

Biologie oder Soziologie? Die männlichen »Wechseljahre«, das große Tamtam ums Testosteron und warum Midlife-Männer zu den gefährdeten Arten gehören

Kopf oder Körper?

Als ich gerade dabei bin, die schöne Metapher von der bröckelnden Männer-Maske einzutippen, stürzt mein Computer ab, und ich gerate in Panik, dass er meinen ganzen Text mit in den Abgrund gerissen haben könnte. Ich funke also »SOS« und erreiche Vincent O., IT-Spezialist, der mir bei technischen Problemen jederzeit beisteht.

Binnen einer halben Stunde ist er da. Vincent ist um die fünfzig, muskulös, trägt meistens eine Motorrad-Lederjacke über einem schwarzen, bedruckten T-Shirt. Er ist verheiratet und hat zwei erwachsene Töchter. In seiner Freizeit ist er als Vorsitzender eines Männer-Motorrad-Clubs aktiv.

»Wechseljahre? Naa, des gibt's ned! Mir fehlt nix. Ich hab nix.«

Ich erzähle ihm, dass ich gerade an einem Buch über die männlichen »Wechseljahre« arbeite und dringend weiterschreiben muss. Leichthin frage ich: »Und, Herr O., haben Sie denn was von Ihren Wechseljahren gemerkt?«

»Naa, des gibt's ned! Mir fehlt nix. Ich hab nix.«

»Doch, das gibt's«, erwidere ich, »ist medizinisch erwiesen. Auch bei Männern lässt die Hormonproduktion nach, und das merken die meisten auch.«

»Ja und wie, bitte schön?«

»Nachlassen der Kräfte, depressive Verstimmung, Schweißausbrüche, der Drang, nochmal was ganz Neues anzufangen.«

Vincent O. ist aufmerksam geworden. »Und ich dachte, das Schwitzen kommt vom Bier!« Dann tippt er sich an die Schläfe: »Passiert das dann eher im Kopf oder im Körper?«

»Ich dachte, das Schwitzen kommt vom Bier!«

Gute Frage. Darüber streiten sich Mediziner, Soziologen und Psychologen schon lange: Was kommt von was? Wer oder was stößt die vielfältigen Veränderungen in der Lebensmitte an? Wirkt der Kopf auf den Körper? Die Psyche auf die Physis? Oder ist es umgekehrt? Lösen biologische Prozesse die seelische Irritation aus? Oder sind es die sozialen Bedingungen, Beruf, Familie, gesellschaftliches Umfeld, Lifestyle, die den Mann ab vierzig häufig aus der Bahn werfen?

In welcher Richtung nach den Ursachen geforscht wird und welche Sichtweise dabei gerade favorisiert wird, hängt von gesellschaftspolitischen und wirtschaftlichen Interessen ab. Je nachdem werden dann Forschungsgelder für die entsprechenden Wissenschaftszweige bereitgestellt. Jede Zeit hat ihre medizinischen Modethemen und ihre Lieblingsstoßrichtung. In den letzten Jahren liegt der biologische Blickwinkel auf die Lebensmitte der Männer im Trend, was heißt: Die medizinische Forschung ist auf der Suche nach körperlichen Auslösern, und die

Erforschung der männlichen Hormone, der Androgene, hat noch einmal enorm Fahrt aufgenommen. Vor allem das Männerhormon schlechthin, das Testosteron, haben die Mediziner im Visier.

»Dass das wissenschaftliche Augenmerk derzeit auf die Männer in der Lebensmitte gerichtet ist, hängt auch damit zusammen, dass zurzeit die gesellschaftliche Aufmerksamkeit gegenüber allen Aspekten von Alter und Geschlecht erhöht ist«, erklärt der Bonner Medizinhistoriker Hans-Georg Hofer, selbst Jahrgang 1971. »Dabei geht es um die Frage von Lebensqualität im mittleren Alter, so um die 50 herum, in dem die zahlenmäßig große Generation der männlichen Baby-Boomer gerade steht.«

Während nämlich die weiblichen Wechseljahre schon ziemlich gut erforscht sind, hinken die Kenntnisse über die männlichen noch hinterher. 2010 hat Hofer das in seiner Habilitationsschrift, »Medizin, Altern, Männlichkeit: Eine Medizin- und Wissenschaftsgeschichte des männlichen Klimakteriums«, dargelegt.

Die Vorstellung, dass Männer Wechseljahre haben, war allerdings schon unter den Ärzten der Antike verbreitet, berichtet er. Sie teilten den menschlichen Lebensweg in Stufen ein. Das griechische Wort *klimaktér*, aus dem sich unser Begriff Klimakterium ableitet, bedeutet Stufenleiter oder kritischer Zeitpunkt im Leben. »Sie sprachen von *anni climacterici*, von klimakterischen Jahren, die Wendepunkte seines Lebens markierten; sie galten als Jahre des plötzlichen Auftretens von Krankheiten und der verstärkten Gefahren für Körper und Gemüt. Und ihnen eilte der Ruf voraus, *androklas*, männerzerbrechend zu wirken.«

Schon die Ärzte der Antike sprachen von *anni climacterici*, den klimakterischen Jahren des Mannes.

Diese Vorstellungen hielten sich lange und waren noch in der frühen Neuzeit weit verbreitet. Im 17. Jahrhundert gratulierten sich Männer offiziell zum überstandenen *annus climactericus*, dem – sieben mal sieben – 49. Lebensjahr, das als besonders gefährlich galt. Übertroffen nur noch vom *annus climactericus maximus*, dem 63. Lebensjahr.

Um 1900 stellten dann Ärzte direkte Vergleiche zwischen den Beschwerden alternder Männer und den Symptomen an, unter denen Frauen während ihres Klimakteriums litten. »Zuvor hatte man in der gynäkologischen Forschung die Existenz von Hormonen entdeckt und diese als chemische Botenstoffe des Körpers beschrieben. In der Gynäkologie setzte sich daraufhin die Erkenntnis durch, dass die Wechseljahre der Frau durch Veränderung in ihrem Hormonhaushalt ausgelöst werden«, erklärt der Historiker. »Damit wurde zugleich ein Phänomen des Frauenlebens durch die Medizin vereinnahmt.« Umso mehr, als das weibliche Klimakterium, an dessen Ende die Menopause (wörtlich: Ende der monatlichen Blutungen) steht, zur »Hormon-Mangel-Erkrankung« erklärt wurde. Ein natürlicher Lebensprozess wurde damit pathologisiert, das heißt als Krankheit definiert.

Ein natürlicher Lebensprozess wurde pathologisiert.

Untersuchungen zu vergleichbaren klimakterischen Vorgängen im männlichen Körper, die bis etwa 1930 durchaus angestellt wurden, versandeten wieder. Der Fokus der medizinischen Forschung blieb auf die weiblichen »Krankheiten« fixiert. Was sich auch im Frauenbild der damaligen Zeit spiegelt: Die Frau galt als das »schwache Geschlecht«. Mann sah in ihr das anfällige und leicht kränkelnde Geschöpf, das seiner Natur gemäß Angriffen auf die psychische und körperliche Gesundheit hilflos ausgeliefert ist.

Der Mann dagegen gehörte dem »starken Geschlecht« an, das als grundsätzlich robust und vernunftbestimmt galt und für typisch weibliche »Launenhaftigkeit« nicht anfällig war.

Da die Naturwissenschaften von männlichen Forschern dominiert waren, widmeten sich Ärzte und andere Wissenschaftler aus der überlegenen Position des Stärkeren heraus den klimakterischen »Krankheiten« des weiblichen Geschlechts – während sie die eigenen geschlechtsspezifischen Schwächen ausblendeten. Und somit auch die medizinische Forschung über die Zusammenhänge von Hormonen, Gesundheit und Befindlichkeit im männlichen Körper ausbremsten.

Männliche Wissenschaftler blendeten die eigenen geschlechtsspezifischen Schwächen aus.

Diese Abwehr oder zumindest das Desinteresse der Wissenschaft, körperliche Ursachen für die Krisen der Midlife-Männer in den Blick zu nehmen, lässt sich bis heute nachweisen. Bis in die 1980er Jahre ging man bei Männern lediglich von einer Lebenskrise aus, die als seelische Reaktion auf äußere, berufliche und familiäre Überlastung verstanden wurde.

»In den 1960er Jahren hat der Londoner Psychoanalytiker und Psychologe Elliot Jacques den Begriff Midlife-Crisis geprägt«, berichtet Hans-Georg Hofer. »Damit waren psychische und emotionale Unsicherheiten in der Lebensmitte gemeint. Der Begriff konnte sich in der universitären Medizin aber nicht durchsetzen.« Körperliche Erschöpfungssymptome und Herzbeschwerden wurden damals auch unter dem Ausdruck »Managerkrankheit« zusammengefasst. »Bei der Managerkrankheit standen berufliche Überforderung und die Belastungen des modernen Lebens im Vordergrund. Nicht aber das Erreichen einer bestimmten Lebensphase, die per se Beschwerden mit sich bringt.«

Die Medizin hält also verschiedene Krankheitskonzepte parat, mit denen sie die immer gleichen Symptome aus verschiedenen Richtungen herleitet, erklärt und versucht, sie entsprechend zu therapieren.

In den 1980er Jahren wendete sich das Blatt vom psychologischen hin zum hormonellen Erklärungsmuster. Analog zu den Begriffen Klimakterium und Menopause für die weiblichen Wechseljahre, wurden *Klimakterium virile* (von *vir*, der Mann, *virile* = männlich) und *Andropause* eingeführt.

Wobei die Wortschöpfung »Andropause« ziemlich unglücklich gewählt und auch nicht wirklich analog zu Menopause ist. Menopause (vom lateinischen *mens*, der Monat, und dem griechischen *pausis,* das Ende) bezeichnet das Ende der Monatsblutungen. »Andropause« (von griechisch *anér/andros*, der Mann, und *pausis*, das Ende) heißt wörtlich »Ende des Mannes«. Und davon kann ja zum Glück keine Rede sein.

In den 1980er Jahren wurden die Begriffe *Klimakterium virile* und *Andropause* eingeführt.

Klimakterium virile ist heute definiert als die Lebensphase im natürlichen Alterungsprozess des Mannes, in der sein Testosteronspiegel sinkt, und die oft von einem krisenhaften Erleben seiner Lebensumstände und unterschiedlichen körperlichen Beschwerden begleitet sein kann.

Das Hormon Testosteron steigt im Männerkörper ab der Pubertät bis etwa zum 30. Lebensjahr kontinuierlich an; ab etwa 35 bis 40 Jahren nimmt die Testosteronkonzentration in seinem Blut ab, um jährlich etwa 1 bis 2 Prozent.

Die »Wechseljahre« können bei Männern schon ab etwa 35 Jahren – und damit früher als bei den meisten Frauen – einsetzen. Ihr Verlauf gilt im Allgemeinen aber als schleichender, die Symptome sind meist weniger ausgeprägt, und auch nicht jeder Mann sei davon betroffen, heißt es.

Da aber die Beschreibung von Art, Stärke und Häufigkeit der Beschwerden davon abhängt, was Patienten ihren Ärzten anvertrauen, ist die Dunkelziffer leidender Midlife-Männer vermutlich hoch. Jedenfalls in der medizinischen Statistik. Denn erstens geben Männer generell ungern zu, dass ihnen überhaupt etwas fehlt, zweitens gehen sie so selten wie nur möglich überhaupt zum Arzt, und drittens wollen sie vor ihren Geschlechtsgenossen nicht als Weicheier dastehen. Nicht einmal vor ihrem Arzt. Ob also die psychosomatischen Symptome unter Midlife-Männern tatsächlich weniger verbreitet sind als unter Frauen mittleren Alters, ist kaum nachprüfbar. Außerdem bedeutet das Fehlen von Beschwerden ja keineswegs, dass die Männer gar nichts bemerken. Manche Männer stören sich nur nicht an den altersbedingten Veränderungen.

Männer wollen vor ihren Geschlechtsgenossen nicht als Weicheier dastehen. Auch nicht vor einem Arzt.

Wie auch viele Frauen die hormonelle Umstellung in ihrem Körper nicht bewusst wahrnehmen und plötzlich verwundert feststellen, dass ihre Regel ausbleibt. Das Leiden der Frauen am Klimakterium scheint insgesamt geringer geworden zu sein. Vielleicht weil Leiden auch Einstellungssache ist. Bei Männern wie Frauen. Wer den Veränderungen in der Lebensmitte prinzipiell positiv gegenübersteht, der wird dieselben Schweißausbrüche weniger leidvoll erleben als jemand, der das Klimakterium für eine Katastrophe oder den Anfang vom Ende hält.

Beim Gesinnungswandel meiner etwas älteren Freundin Amelie war ich sogar live dabei. Es war, als würde ein Schalter umgelegt: Wir saßen gerade in einem Restaurant, als sie von einer Hitzewallung überflutet wurde. Beklommen und reichlich genervt verzog sie sich auf die Toilette, um sich den Pulli aus- und ein T-Shirt anzuziehen. Doch als sie an unseren Tisch zurückkehrte, strahlte sie wie verklärt. Sie erzählte mir, dass sie sich im Spiegel betrachtet habe und total fasziniert von ihrem glühenden und blühenden Gesicht war. Sie habe auf sich selbst geradezu jugendlich und strahlend gewirkt. Aber auch die Jungs am Tresen hätten sie auf dem Rückweg ganz begeistert angestarrt.

Seit diesem Erlebnis schämte sich Amelie nicht mehr für ihre Hitzen, sondern bewertete sie als etwas Gutes. Als ein paar Jahre später ich damit »dran« war, habe ich versucht, es ihr nachzumachen. Das klappte ziemlich gut.

Männer könnten ihre klimakterischen Symptome als einen Impuls zu Wandel und Wachstum sehen.

Es wäre zu wünschen, dass auch Männer dahin kommen, ihre klimakterischen Symptome neu zu sehen, bestenfalls als einen Impuls zu Wandel und Wachstum, der auch sie letztlich attraktiver und lebendiger macht.

Der entscheidende Unterschied zwischen männlichem und weiblichem Klimakterium ist auf körperlicher Ebene die Tatsache, dass bei uns Frauen die reproduktive Zeit mit der Menopause endgültig endet, während bei den Männern die Zeugungsfähigkeit im Prinzip bis ins hohe Alter erhalten bleibt. Ein Unterschied, den Männer ja nicht müde werden zu betonen. Allerdings nimmt bei Männern die Menge der Spermien ab dem 35. Lebensjahr ab. Bei einem 45-Jährigen ist sie bereits ein Drittel geringer als bei einem etwa 20-Jährigen, die Anzahl der lebensfähigen Spermien sinkt sogar um 50 Prozent. Auch werden sie immer weniger beweglich und sind häufiger defekt. Es wird immer unwahrscheinlicher, ein (gesundes) Kind zu zeugen. (Auf Freud und Leid »alter Väter« gehe ich in Kapitel 5 näher ein.)

Die häufigsten körperlichen Beschwerden und seelischen Beeinträchtigungen der Männer unterscheiden sich kaum von dem, was Frauen erleben: Gefühle von Erschöpfung und Antriebslosigkeit, wie auch ein Nachlassen der Konzentrationsfähigkeit und der kognitiven Leistung. Sozial auffällige Verhaltensweisen wie Gereiztheit am Arbeitsplatz und in der Familie sowie innere Unruhe oder eine Neigung zum Weinen. Zu den körperlichen Symptomen gehören am häufigsten Gewichtszunahme, vor allem am Bauch, sowie zugleich eine Abnahme der fettfreien Muskelmasse, Rücken- und Gelenkschmerzen und Osteoporose. Ebenso berichten Männer von Herzrasen, Herzrhythmusstörungen und nächtlichen Schweißausbrüchen. Und davon, dass ihre Lust auf Sex abnimmt und Erektionsstörungen öfter vorkommen.

Das große Tamtam ums Testosteron

Wie gesagt wird bei Männern wie Frauen das Klimakterium durch hormonelle Umstellungen ausgelöst, und bei beiden ist es vor allem die Gewichtung der Androgene und der Östrogene, die sich verschiebt. Im Blut von Männern und Frauen zirkulieren sowohl männliche als auch weibliche Hormone. Während aber bei den Männern die männlichen Androgene, allen voran das Testosteron, überwiegen, sind es bei der Frau die weiblichen, vor allem Östrogen, ein Oberbegriff für die wichtigsten weiblichen Geschlechtshormone.

Sie werden in den Eierstöcken, während der Schwangerschaft in der Plazenta (Mutterkuchen) und in geringem Maße im Unterhautfettgewebe produziert. Bei Männern werden Östrogene übrigens in den Hoden, in der Nebennierenrinde und im Fettgewebe gebildet. Östrogene steuern die Entwicklung des Mädchens zur Frau, sie sind für die Brustentwicklung, die Monatsregel, den typisch weiblichen Knochenbau und für die Hautelastizität verantwortlich. Ihr Einfluss stärkt Knochen und Herz und sorgt für eine ausgeglichene Gemütslage. Die typisch weiblichen Rundungen, die weiche Haut, geringe Körperbehaarung und die Form des Schamhaardreiecks gehen auf das Konto der Östrogene.

Doch die Eierstöcke und die Nebennierenrinde der Frau produzieren auch Testosteron – allerdings nur in geringen Mengen.

Es ist bei der Frau wichtig für die Libido, also dafür, ihr sexuelles Verlangen anzuheizen, verhilft ihr aber auch zu einer festen Muskulatur und unterstützt das Wachstum der Knochen in der Entwicklungsphase, außerdem senkt es den Cholesterinspiegel im Blut.

Auch für Frauen ist Testosteron ein wichtiges Hormon.

Geht in den Wechseljahren die Produktion der weiblichen Hormone zurück, wird der Anteil des Testosterons im Verhältnis größer. Bei vielen Frauen steigt der Testosteronspiegel in den Wechseljahren per se sogar etwas an. So dass nun der Einfluss der männlichen Hormone auf die Frau stärker werden kann. Das äußert sich körperlich darin, dass sich das Fettgewebe umverteilt. Von den typisch weiblichen runden Hüften, Po und Schenkeln, wandert der Speck Richtung Bauch. Manchmal wird nach der Menopause auch die Stimme etwas tiefer. Auf der psychischen Ebene kann diese sogenannte relative Dominanz von Testosteron Vorteile bringen. Frauen werden dadurch durchsetzungsfähiger, emotional belastbarer. Sie nehmen weniger Rücksicht auf die Bedürfnisse anderer. Sie werden entscheidungsfreudiger, kompromissloser und übernehmen eher Führungsrollen – sei es im Bett, in der Familie oder im Beruf.

Da jede Frau von Geburt an die Anlagen für ein ganz individuelles Verhältnis von weiblichen und männlichen Hormonen in sich trägt, haben die Hormonumstellungen im Klimakterium auch ganz unterschiedliche Auswirkungen. Eine Frau, die von jeher mehr Testosteron produziert, hat meist schmalere Hüften, baut besser Muskelmasse auf, und ist oft in Berufen und an Positionen zu finden, für die mehr Durchsetzungsvermögen erforderlich ist. In den Wechseljahren verändert sie sich meist weniger als eine Frau, die zuvor stark durch ihre Östrogene geprägt war.

Die Hormonumstellungen haben individuell unterschiedliche Auswirkungen.

Bei Männern verläuft die Geschichte andersherum. Sie produzieren ab der Pubertät vorwiegend Androgene, deren Haupthormon das Testosteron darstellt. Es wird in den Hoden gebildet und sorgt dafür, dass aus dem schmalen Knaben ein Mann mit breiten Schultern und schlanken Hüften, mit viel Muskelmasse und wenig Fett wird. Es sorgt für Bartwuchs, Brustbehaarung und dafür, dass das männliche Schamhaar in einem Streifen bis zum Nabel hinauf wächst. Es sorgt für männliches Selbstbewusstsein, Schwung und Energie, für Konzentrationsfähigkeit und Lust auf Sex. Kein Wunder, dass viele Männer nicht genug davon kriegen können.

Testosteron sorgt für Bartwuchs, Brustbehaarung, Selbstbewusstsein und Energie.

Aber Männer haben und brauchen auch Östrogen. Es ist unter anderem nötig, um die Samenzellen reifen zu lassen und sie beweglich zu halten.

Wenn nun während des männlichen Klimakteriums der Testosteronspiegel sinkt, kommt es ebenfalls zu einer Umgewichtung der Hormone im Körper des Mannes. Ein Enzym namens Aromatase ist dabei aktiv. Es ist in der Lage, Testosteron in Östrogen umzuwandeln und sitzt vorwiegend im Fettgewebe. Die Aromatase-Produktion wird mit zunehmendem Lebensalter des Mannes hochgefahren, und da Männer im Alter häufig an Gewicht zulegen, wird so der Testosteronmangel in den »Wechseljahren« verschärft, während gleichzeitig der Östrogenspiegel steigt.

Normalerweise kann ein Zuviel an Östrogen in der Leber des Mannes abgebaut werden. Ist die Leber aber geschädigt (zum Beispiel durch zu viel Alkohol!), kann sie diese Aufgabe nicht ordentlich erfüllen. Bei Männern können nach den »Wechseljahren« also weibliche Hormone relativ überwiegen und die Männer entsprechend körperlich und seelisch verändern. Sie werden dann fülliger, setzen eventuell Hüftspeck an, der Bartwuchs lässt nach, und ihre Stimme kann etwas höher werden. Sie können an Durchsetzungskraft einbüßen, dafür aber gefühlvoller im Ausdruck und empfindsamer für die Belange anderer werden.

Einem reifen Mann kann der relativ höhere Östrogenanteil den Vorteil bringen, dass er zum Beispiel weniger aggressive Konkurrenz unter Kollegen empfindet oder sein Führungsstil sich von autoritär zu teamorientiert wandelt.

Wenn ein Mann schon zuvor mehr »weibliche« Anteile in sich trug, wie das etwa bei Künstlern oft der Fall ist, wird er die Veränderungen in der Lebensmitte weniger spüren und besser damit klarkommen als einer, der bisher in einem typisch männlich dominierten Jobsystem in der klassischen Männerrolle zu funktionieren hatte.

Pauschal lässt sich sagen, dass Männer durch den Rückgang von Testosteron tendenziell »weiblicher« und Frauen durch den Rückgang von Östrogen tendenziell »männlicher« werden. In den psychischen und körperlichen Auswirkungen dieser Veränderungen liegt ein enormes Konfliktpotenzial für die Beziehung zwischen den Geschlechtern. Und ein enormes Entwicklungspotenzial.

Männer werden im Klimakterium tendenziell »weiblicher«, Frauen »männlicher«.

Für uns Frauen in der freundlich forschenden Beobachterposition ist es aber zunächst einmal wichtig zu wissen, dass psychische und physische Irritationen und ein objektiv wahrnehmbarer Leistungsabfall der Männer über 40 nichts mit Charakterschwäche, Launenhaftigkeit oder gar persönlichem Versagen zu tun haben müssen. Vielmehr kann es dafür handfeste biologische und ebensolche psychosozialen Gründe geben.

Wenn man dies akzeptiert, kann es einen dahin bringen, zu verstehen, dass die männlichen »Wechseljahre« einen im Lebenslauf angelegten Sinn haben. Wie die weiblichen.

Dass Männer die Symptome ungern akzeptieren und wahrscheinlich schon im antiken Rom mit ihren *anni climacterici* gehadert haben; dass sie ihre Sorgen, ihr Unbehagen und ihr Leid gern loswerden würden, versteht sich von selbst. In den letzten Jahren sind die gesellschaftlichen Erwartungen an Männer ab der Lebensmitte auch noch extrem gestiegen, und gleichzeitig werden die Ängste vor dem Altern, vor dem Schwinden von Attraktivität, Leistungsfähigkeit und Potenz ganz gezielt geschürt.

Der Medizinhistoriker Hans-Georg Hofer stellt dazu fest: »Die erneute Aufmerksamkeit, die das Thema der männlichen Wechseljahre seit einigen Jahren erfährt, ist ohne Einflussnahme der Pharmaindustrie kaum denkbar. Hier ist ein klares marktstrategisches Kalkül erkennbar, das sich an die Adresse der Männer zwischen 40 und 60 Jahren als finanzkräftige Gesundheitskunden richtet.«

»Die Aufmerksamkeit, die das Thema der männlichen Wechseljahre erfährt, ist ohne Einflussnahme der Pharmaindustrie kaum denkbar.«

Die Milliarden, die bereits mit dem gesundheitlich nicht unbedenklichen Erektionshelfer Viagra umgesetzt wurden, haben bewiesen, wie leicht die von der Werbung und den Medien künstlich aufgebauschten und dramatisierten Schwächen der Midlife-Männer in bare Münze verwandelt werden können. Der neue Markt, der seit einigen Jahren aufgeheizt wird, heißt nun: Hormonersatztherapie. Testosteron-Präparate für den schwächelnden Mann. Als Anti-Aging-Therapie.

Testosteron-Präparate für den schwächelnden Midlife-Mann sind der letzte Schrei in der Anti-Aging-Therapie.

Und die Hormonhersteller versuchen, auch uns Frauen vor ihren Karren zu spannen. Da schiebt sich beispielsweise auf meinem Computerbildschirm ungefragt ein Banner vor die Nachricht, die ich gerade lesen möchte: Eine bezaubernde junge Frau räkelt sich erwartungsvoll lächelnd in ihren Kissen, und schon flackert ein Textkasten Alarm! »Jeder fünfte Mann über 40 leidet unter Erektionsproblemen. Eine große Belastung für jede Beziehung. Dabei kann ein Besuch beim Arzt helfen. Sprechen Sie mit Ihrem Mann.«

Wir sollen also unsere Männer anschubsen, damit sie für teures Geld hochwirksame Substanzen einwerfen, um wieder verlässlich zu funktionieren und uns wie als junge Burschen potent zur Verfügung zu stehen.

Es steht außer Frage, dass echte Hormonmangelerkrankungen – ob bei Männern oder Frauen – medizinisch behandelt werden müssen. Dass aber Hormone, die bekanntlich schon in kleinster Dosis in das hochkomplexe Wechselspiel zwischen Körper, Gemütsverfassung und geistigem Vermögen eingreifen, als Lifestyle-Artikel eingesetzt werden, halten verantwortungsbewusste Ärzte und Ärztinnen für gefährlich. Zumal Testosteron – nach letzten Studien – zwar keinen Prostatakrebs auslöst, das Wachstum von bereits vorhandenen Tumoren aber fördert.

Man würde die Männer im Übrigen in dieselbe Ecke drängen, in die man uns Frauen jahrzehntelang geschoben hat: Die weiblichen Wechseljahre galten als Östrogen-Mangel-Krankheit, die sich mit einer Hormonersatztherapie behandeln ließ. »Östrogen macht Frauen schön«, lautete ein Slogan von den 70ern bis zur Jahrtausendwende. Das weibliche Hormon, dessen Produktion im Klimakterium über einen Zeitraum von etwa zehn Jahren hinweg immer weiter heruntergefahren wird, galt als Jungbrunnen. Millionen Frauen schluckten Östrogene, um Alterserscheinungen wie trockener Haut, aber auch Stimmungsschwankungen vorzubeugen. Im Mai 2002 brach die »Women's

»Östrogen macht Frauen schön«, lautete ein Slogan von den 70ern bis zur Jahrtausendwende.

Health Initiative« ihre Langzeituntersuchung zu dieser Hormonersatztherapie vorzeitig ab: Unter der Östrogen-Therapie waren signifikant mehr Brustkrebs und Thrombosen, Herzinfarkte und Schlaganfälle aufgetreten. Die Vorteile der Hormongabe erwiesen sich als den Nachteilen weit unterlegen.

»Seitdem ist die Hormonersatztherapie in die Kritik geraten, und die Zahl der Frauen, die Hormone schlucken, hat massiv abgenommen«, sagt dazu Annegret Gutzmann (Jahrgang '53). Sie ist seit 1990 niedergelassene Frauenärztin in eigener Praxis, beratende Ärztin bei Pro familia Köln und beim Diakonischen Werk Bonn. Sie besitzt Zusatzqualifikationen in Sexualmedizin und Psychotherapie, Altersgynäkologie ist mittlerweile ein Schwerpunkt ihrer Praxis.

Testosteron kann auch bei Frauen nach den Wechseljahren eingesetzt werden – zur Lust- und Antriebssteigerung. Dr. Gutzmann hält das jedoch für unnötig und wissenschaftlich unbegründet: »Immer wieder wird behauptet, dass es nach der Menopause – also angeblich hormonbedingt – zu einem Verlust des sexuellen Verlangens kommt, das konnte die Sexualforschung aber nicht belegen«, erläutert sie in ihrem Aufsatz »Gut und gerne reifer werden« (in: UGB-Forum 3/11). »Zwar lässt sich, wenn das erwünscht ist, mithilfe von Testosterongaben die Libido der Frau steigern. Aber das sexuelle Leben und Erleben der Frau nach der Menopause wird ungleich viel stärker von einer Vielzahl psychosozialer Variablen beeinflusst. Von ihrem Sexualverhalten in früheren Jahren, vom Vorhandensein eines Sexualpartners oder einer -partnerin oder von Kommunikationsstörungen in ihrer Partnerschaft.«

Könnte sich das bei den Männern nicht ähnlich verhalten?

Hormone beeinflussen die Gefühle, und Gefühle beeinflussen die Hormone. Körper und Geist, seelische Befindlichkeit und

Hormonhaushalt durchdringen und bedingen sich bekanntermaßen gegenseitig.

Das Wort Hormon kommt vom griechischen *hormáo*, was bedeutet: ich rege an, treibe an – auch Hermes, der Götterbote, hat seinen Namen daher. Hormone sind hochspezialisierte und hochwirksame Botenstoffe, die im Blut zirkulieren und Informationen weiterleiten. Man kann sie sich als talentierte Netzwerker vorstellen, die auf ihren Wegen in der Blutbahn hier etwas ankurbeln, dort etwas dämpfen. Jedes Hormon hat seinen ganz speziellen Ansprechpartner, mit dem es in Austausch steht. Und alle reagieren – auch auf sämtliche Reize von außen – höchst feinsinnig. Ein fantastisches, perfekt vernetztes Kommunikationssystem also. Und das Ganze ist noch dazu bei jedem Menschen individuell verschieden.

Umso unangemessener erscheint es, Normwerte für einen »gesunden« Testosteronlevel aufzustellen, an denen der Einzelne gemessen wird, um ihm bei einem Wert, der von dieser Vorgabe abweicht, Hormone zu verabreichen.

Man kann sich die Hormone als talentierte Netzwerker vorstellen, die höchst sensibel agieren und reagieren.

Dabei stellt sich doch zwangsläufig die Frage, ob die Einnahme von Östrogen oder Testosteron nicht die selbstbestimmte seelisch-geistig-körperliche Umstellung auf die neue Lebensphase verhindert oder zumindest erschwert?

Es waren Ärztinnen, die in der Gynäkologie eine ganzheitliche Sicht auf die Frauengesundheit angestrebt und in weiten Teilen durchgesetzt haben. Sie sind bereits geübt darin, körperliche Symptome in ihrer leib-seelischen Verflechtung zu sehen. Dagegen sind männliche Kollegen, die ausdrücklich auf Männergesundheit spezialisiert sind und dabei den ganzen Menschen im Blick haben, noch selten. Aber es werden immer mehr, die auch in der Männerheilkunde eine ganzheitliche Sicht fordern.

Einen Vorteil hat übrigens der aktuelle Fokus der Medizin auf das Männerhormon Testosteron: Es gibt jede Menge spannende neue Forschungsergebnisse aus der Welt der Männer, die auch für uns Frauen höchst aufschlussreich sind.

Der Psychologe Jack van Honk und sein Team von der Universität Utrecht wollen herausfinden, wie Autismus entsteht, um damit die Grundlagen zu schaffen, Menschen mit dieser Störung behandeln zu können.

Ist Testosteron mit schuld an der Stoffeligkeit vieler Männer, möglicherweise sogar eine Ursache von Autismus?

Autismus ist angeboren und tritt fast nur bei Jungen auf. Zu dieser Störung gehört, dass die Betroffenen nicht in der Lage sind, Gefühlsregungen in der Mimik ihrer Mitmenschen zu erkennen. Sie können nicht in Gesichtern »lesen« oder andere Signale der Körpersprache richtig interpretieren. Deshalb merken sie zum Beispiel nicht, ob ihre Mutter gerade zornig ist oder ihr Kind zärtlich anschaut. Das heißt, Autisten fehlt Empathie, die Gabe, sich in andere Menschen hineinzuversetzen – mit ein Grund dafür, dass sie nur sehr schwer kommunizieren und kaum mit anderen in Kontakt treten können.

»Es ist bekannt, dass Frauen im Durchschnitt eine etwas größere soziale Intelligenz besitzen als Männer«, erklärt Jack van Honk, »jetzt wissen wir womöglich, warum.« Er testete die Wirkung von Testosteron an 16 jungen Frauen (also Personen mit niedrigem Testosteronspiegel), die aus der Durchschnittsbevölkerung rekrutiert wurden. Man verabreichte ihnen eine kleine Menge Testosteron. Nach der Hormongabe ließ man sie den »Reading the Mind in the Eyes«-Test machen, in dem die Fähigkeit, Stimmung und Gefühle aus dem Ausdruck von Gesichtern zu erschließen, geprüft wird. Den Frauen wurden entsprechende Fotos vorgelegt, und sie sollten sagen, welche Gemütsverfassung sich in den abgebildeten Gesichtern widerspiegelte.

Unter dem Einfluss von Testosteron verschlechterte sich das vielgepriesene weibliche Empathievermögen schlagartig. In vielen Fällen sank es fast auf das Niveau, wo Männer normalerweise »herumkrebsen«. Allerdings scheint Testosteron nicht direkt das Mitgefühl zu unterdrücken, es wirkt vielmehr hemmend auf das neuroendokrine System, das die Aufgabe hat, Oxytocin auszuschütten; dieses »Bindungs«-Hormon aktiviert unser Einfühlungsvermögen.

Unter dem Einfluss von Testosteron sinkt das weibliche Empathievermögen fast auf Männerniveau.

Testosteron ist demnach mit dafür verantwortlich, dass Männer es so oft an Einfühlung, an Mit- und Feingefühl fehlen lassen. Und es bedeutet, dass das männliche Geschlechtshormon wahrscheinlich an der Entstehung von Autismus beteiligt ist. Das passt mit der Beobachtung zusammen, dass Frauen, deren Ringfinger länger sind als die Zeigefinger, im Gesichtslesetest schlechter abschnitten als ihre Geschlechtsgenossinnen mit gleich langen Zeige- und Ringfingern oder längerem Zeige- als Ringfinger. Längere Ringfinger weisen darauf hin, dass diese Frauen schon als Embryo im Mutterleib einer höheren Testosteronzufuhr ausgesetzt waren.

»Wir sind begeistert davon, dass wir das herausgefunden haben«, sagt Jack van Honk, »denn es lässt darauf schließen, dass sich die vorgeburtliche Höhe des Testosteronspiegels auf die Psyche auswirkt.«

Besonders hohe Testosteronwerte zeigen aber auch »nachgeburtlich« starke Wirkung. Männer mit individuell viel Testosteron im Blut gehen mehr Risiken ein, verlieren eher Augenmaß und Umsicht. Sie rasen zum Beispiel wie die Wahnsinnigen mit dem Auto oder Motorrad durch die Gegend

Testosteron-Überschuss macht Männer risikofreudig und kahl.

– typisches Verhalten von testosterongefluteten Jugendlichen –, sie setzen ihre gesamte Habe beim Pokern aufs Spiel, lassen sich ungehemmt auf gefährliche Sexabenteuer ein oder verhalten sich ganz allgemein rücksichtslos.

Untersuchungen, die Wissenschaftler von der Universität Cambridge durchführten, zeigten, dass Londoner Börsenmakler umso mehr Geld machten, je mehr Testosteron morgens in ihrem Blut zirkulierte. Das Ganze funktionierte auch umgekehrt: Je mehr Erfolge die Makler verbuchen konnten, umso mehr Testosteron produzierte ihr Körper. Da die Zunahme des Testosterons die Risikobereitschaft weiter ansteigen lässt, vermuteten die Wissenschaftler, dass mit zunehmendem Erfolg auch die Gefahr wächst, im Testosteron-Rausch schließlich zu viel zu wagen – und eventuell alles zu verlieren.

Es ist also was dran an dem alten Spruch: Erfolg macht sexy. Dreht sich aber die Erfolgs- und damit auch die Testosteronschraube immer weiter nach oben, ist der Absturz fast vorprogrammiert. Denn es verbindet sich das Gefühl, unverwundbar zu sein, mit der aggressiven Vorstellung, sich einfach alles leisten und nehmen zu dürfen, gekoppelt mit zunehmender Blindheit für die Bedürfnisse anderer. Nicht wenige folgenreiche Fehlleistungen in Politik und Finanzwelt stehen wohl mit dieser Erfolgstestosteron-Spirale in Zusammenhang.

Erfolg macht sexy, aber auch blind für die Bedürfnisse anderer.

Und dann droht bei einem Zuviel an Testosteron auch noch eine Glatze: Kriegen die Haarwurzeln zu viel Dehydrotestosteron ab, schieben sie bei Männern mit entsprechender genetischer Veranlagung keine neuen Haare mehr nach. Und da zu viel Testosteron auch in Östrogen umgewandelt werden kann, wachsen manchen testosteronlastigen Männern Brüste.

In dem britischen Wochenmagazin *New Statesman* brüstete sich ein auf Wechseljahre-Frauen spezialisierter Arzt einmal damit, Damen mittleren Alters in der Politik mit Testosteron konkurrenzfähig zu machen. Der Artikel erschien im Sommer 2003 unter der Überschrift »Wer ist auf Testosteron?«. Einige Parlamentarierinnen wären seit Jahren »auf Droge«, heißt es darin; sie versuchten, »in der Machowelt der Politik zu überleben, indem sie auf hormonelle Hilfe zurückgreifen«. Sie täten das, »um sich im männerdominierten House of Commons behaupten zu können«.

Englische Politikerinnen dopen sich mit Testosteron.

Malcolm Whitehead, Gynäkologe und Experte für Hormonersatztherapie, der in London eine Privatklinik für Frauen in den Wechseljahren führt, hatte dem Blatt berichtet, dass immer mehr ältere weibliche Parlamentsmitglieder ihn um Testosteron angingen. »Ich habe Politikerinnen, die sich in Ausschusssitzungen und Parlamentsdebatten besser gegen ihre männlichen Kollegen behaupten wollten, Testosteronimplantate verschrieben. Sie behaupten ausdrücklich, dass das Hormon ihre Durchsetzungskraft ankurbelt und dass sie sich dadurch leistungsfähiger fühlen.«

Der Artikel schlug in der Öffentlichkeit und im Parlament hohe Wellen. Zahlreiche Politikerinnen wiesen den Vorwurf, sich mit männlichen Hormonen zu dopen, empört zurück, sie hätten so was nicht nötig, sie verließen sich lieber auf gute Argumente als auf eine hormongesteuerte, den Männern angegliche-ne Testosteron-Rhetorik. Andere sagten nur: »No comment.« Der Doktor blieb jedenfalls bei seiner Aussage und der Verdacht bestehen.

Wir wissen es ja schon lange: Eine paar Tränen zur rechten Zeit verleihen unseren seelischen Bedürfnissen Nachdruck und lassen Männerherzen schmelzen – falls die Kerle nicht rechtzeitig die Flucht ergreifen.

Dass Männer weich werden, weil unsere Tränen auch ihr Testosteron zum Schmelzen bringen, hat jetzt der Neurobiologe Noam Sobel nachgewiesen. Er arbeitet am israelischen Weizmann Institute of Science und hat sich mit seinem Team der Erforschung des menschlichen Geruchssinns verschrieben. »Das Tränenvergießen ist ein noch weitgehend unverstandenes Verhalten, von dem man annimmt, es käme ausschließlich beim Menschen vor«, erläutert Sobel. »Bei Mäusen dienen Tränen als chemisches Signal, weshalb wir die Hypothese aufgestellt haben, dass menschliche Tränen eine ähnliche Chemo-Signalwirkung haben könnten.« Bislang war man davon ausgegangen, dass Menschentränen geruchlos seien und höchstens eine optische Signalwirkung hätten.

Für ihre Studie führten die Wissenschaftler Frauen traurige Filme vor und sammelten die Tränen ein, die die gerührten Zuschauerinnen dabei vergossen. Dann ließen sie Männer an der Tränenflüssigkeit schnuppern. »Wir haben herausgefunden, dass auch weibliche Tränen einen Geruchsstoff absondern, den andere Menschen riechen können«, berichtet Noam Sobel, und der Effekt war erstaunlich: Mit dem Tränenduft in der Nase fanden die Männer plötzlich hübsche Frauengesichter, die ihnen gezeigt wurden, weniger sexy und verspürten eine Dämpfung ihres sexuellen Appetits. Die Forscher konnten dieses subjektive Erleben der Männer mit physiologischen Erregungsmessungen bestätigen, und sie stellten zugleich fest, dass der Testosteronspiegel absank. Außerdem ließ sich mit der Magnetresonanzmethode am Bildschirm zeigen, dass bei Männern, die traurige Frauentränen rochen, die Aktivitäten in jenen Berei-

Mit Tränenduft in der Nase finden Männer hübsche Frauen weniger sexy.

chen des Gehirns erlahmten, die für die sexuelle Erregung zuständig sind.

Damit konnten die Wissenschaftler erstmals nachweisen, dass nicht bewusst wahrnehmbare Stoffe in Frauentränen die Macht haben, körperliche Veränderungen im Mann auszulösen. Sie steuern seine Wahrnehmung, seine Gefühle und somit auch sein Verhalten: Die Weinende signalisiert, dass sie jetzt nicht angemacht, sondern getröstet, beschützt und in den Arm genommen werden möchte. Sein ganzes körperliches System reagiert darauf und stellt sich auf ihre Bedürfnisse ein. Er kann nicht anders, als Mitgefühl zu empfinden und sich fürsorglich zu verhalten.

Wie gesagt – falls er nicht vorher das Weite gesucht hat, wo er ihre Tränen nicht mehr riechen kann.

Kaum sind Männer Väter geworden, nimmt das Männerhormon ebenfalls deutlich ab. Das konnten Christopher Kuzawa und sein Forscherteam von der Northwestern-Universität in Evanston (Illinois) in einer Langzeitstudie auf den Philippinen nachweisen.

Babys senken den Testosteronspiegel ihrer Väter.

Schon in früheren Studien hatte sich gezeigt, dass Väter einen niedrigeren Testosteronspiegel haben als Single-Männer. Unklar war bislang aber, ob es die Vaterschaft ist, die das Testosteron senkt, oder ob Männer mit einem sowieso niedrigen Testosteronspiegel eher Väter werden.

Das konnte jetzt geklärt werden. Als Kuzawa die Langzeitstudie mit 600 Männern im Jahr 2005 begann, waren diese im Durchschnitt 21,5 Jahre alt. Jeweils morgens und abends wurden ihre Testosteronwerte gemessen. In dem vierjährigen Studienzeitraum bis 2009 ging dann ein Drittel der Männer eine feste Beziehung ein und bekam Nachwuchs. Kaum war der neue Erdenbürger da, sackte der Testosteronspiegel der frischgebackenen Väter um 35 Prozent ab. Zugleich waren die Männer, die zu Beginn der Studie die höchsten Testosteronspiegel hatten, auch jene, die als erste Väter wurden. Für Kuzawa und sein Team liegt deshalb der Schluss nahe, dass der hohe Hormonwert bei der erfolgreichen Suche nach einer Partnerin eine Rolle spielt.

Der Abfall um 35 Prozent sei zwar eine Menge, sagt Chris Kuzawa, wesentlich mehr, als man dem natürlichen Alterungsprozess zuschreiben könne, aber um seine Männlichkeit müsse dennoch kein Vater fürchten: »Man braucht keine sehr hohen Testosteronwerte, etwa um fruchtbar zu sein, eine Libido zu haben, eine behaarte Brust oder andere Dinge, die zur Männlichkeit dazugehören. Dafür genügt ein gewisser Grundlevel an Testosteron.«

Der Rückgang des Testosteronwerts war übrigens bei Vätern von Neugeborenen deutlich ausgeprägter als bei Vätern, deren Jüngstes schon älter als einen Monat war. Und die Forscher fanden heraus, dass das Testosteron noch weiter sinkt, je mehr sich ein Vater mit seinem Baby beschäftigt. Anscheinend ist es die Kommunikation mit dem Säugling, die dem Gehirn des Mannes, das die Produktion von Testosteron steuert, sagt, dass nun andere Fähigkeiten gefragt sind als die, die das »Draufgänger-Hormon« Testosteron fördert. Beim Baby geht's um Fürsorglichkeit, Aufmerksamkeit, Empathie.

Der Körper fährt Testosteron herunter und unterstützt damit fürsorgliches Verhalten.

Geht der Testosteronwert zurück, wird mehr von dem Empathie-Hormon Oxytocin ausgeschüttet. Das erleichtert es dem Vater, die körpersprachlichen Signale seines Kindes zu verstehen und einfühlsam darauf einzugehen. Ein phantastisch eingerichtetes Rückkopplungssystem, das evolutionär absolut Sinn macht, weil es der Arterhaltung dient: Menschenkinder kommen so schutzlos und unreif auf die Welt, dass sie sehr lange gut beschützt und betreut werden müssen, um gesund heranzuwachsen. Da ist es nur sinnvoll, wenn die Natur auch die Männer körperlich darauf einstellt, dass sie sich gut und gerne um ihren Nachwuchs kümmern.

Nach diesen Studienergebnissen ist jedenfalls die Klischeevorstellung vom Mann, der allein dafür geschaffen sei, Mammuts zu jagen und möglichst vielen Frauen Kinder anzuhängen, um sie dann mit deren Aufzucht allein zu lassen, vollends überholt.

Die Männerwelt geriet in Aufruhr, als die Wissenschaftler des *New England Research Institutes* 2007 eine Studie veröffentlichten, wonach US-amerikanische Männer heute einen niedrigeren Testosteronspiegel haben als noch vor zehn – und erst recht vor zwanzig Jahren. Die Forscher sahen den weit verbreiteten Rückgang des Testosterons allerdings nicht als irreversibel an, sondern mutmaßten, dass er zumindest teilweise darauf zurückzuführen sei, dass die Männer heutzutage zu dick sind, zu viel Alkohol konsumieren und sich zu wenig bewegen.

Midlife-Männer von heute haben einen niedrigeren Testosteronspiegel als gleich alte Männer vor 20 Jahren.

Der Forschungsbericht alarmierte auch den britischen Journalisten Simeon de La Torre. Er war damals Ende dreißig, also in einem Alter, wo sich der Midlife-typische Testosteronrückgang normalerweise noch nicht so deutlich bemerkbar macht. Aber er hatte sich selbst noch nie als besonders »männlich« eingeschätzt: wenig Behaarung, relativ hohe Stimme, eher schmale Schultern, kein Sixpack. Nun wollte er genau wissen, wie er im Testosteron-Ranking abschnitt. De la Torre ließ mit einem Speicheltest seinen Testosteronspiegel bestimmen und erhielt das erwartete und befürchtete Ergebnis: Sein Wert war zwar nicht unterirdisch, lag aber im unteren Normbereich seiner Altersgruppe.

Für das Männer-Magazin *Men's Fitness* startete der Journalist daraufhin einen Selbstversuch, den er natürlich auch dokumentierte: Über einen Zeitraum von vier Wochen hinweg versuchte er, im Do-it-yourself-Verfahren seinen Testosteronwert anzuheben – auf rein natürlichem Weg, also ohne Hormongaben.

Er informierte sich, was zu tun wäre, um die Testosteronproduktion anzukurbeln, und vor allem, was Mann tunlichst lassen sollte: den Alkohol an erster Stelle. Um 20 Prozent geht nämlich das Testosteron zurück, wenn ein Mann pro Woche mehr als umgerechnet 200 Milliliter reinen Alkohol zu sich nimmt. Und das ist schon mit acht Vierteln Wein oder acht Flaschen Bier in der Woche erreicht. Simeon de la Torre verzichtete sicherheitshalber komplett auf Alkohol.

Er meldete sich im Fitnessstudio an und absolvierte regelmäßig ein Kraft- und Ausdauertraining, um Fett ab- und Muskelmasse aufzubauen. Die Fettzellen im Männerbauch haben nämlich die fatale Neigung, Testosteron in Östradiol, eine Form des Östrogens, umzuwandeln. Und je weniger Testosteron im Blut zirkuliert, desto stärker wächst wiederum der Bauch. Dieser Teufelskreis lässt sich nur durch viel Bewegung und Training unterbrechen.

Stress im Beruf, Überarbeitung, Geldsorgen und der Druck, der durch Arbeitslosigkeit entsteht, machen dem Testosteron ebenfalls den Garaus. Wer Testosteron produzieren will, muss also stressigen Situationen möglichst aus dem Weg gehen.

Stress im Beruf, Überarbeitung und Geldsorgen machen dem Testosteron den Garaus.

Auch seine Ernährung stellte Simeon de la Torre um: Er setzte viel Eiweiß und Gemüse auf den Speiseplan, vor allem Rindfleisch, Lamm, Milchprodukte, Eier, Erdnüsse, Mangos und Austern, da sie auch Zink enthalten, ein Spurenelement, das die Hormonfunktionen günstig beeinflussen soll. Und Wunder über Wunder: Bereits in der dritten Woche seines Selbstversuchs verzeichnete der – übrigens verheiratete – Autor mehr Lust auf Sex, gesteigerten Antrieb und ein gehobenes Selbstbewusstsein. Aber bald bemerkte er noch etwas anderes: »Ab Tag 20 habe ich eine gewisse Sturheit entwickelt, die weder zu Hause noch bei der Arbeit gut ankam.«

In der vierten Woche – er isst kräftig weiter Steaks und Nüsse –, fällt ihm auf, dass die Frauen ihn mehr beachten als sonst. Am 25. Tag des Experiments fühlt er sich so animiert und draufgängerisch, dass er im Fitnessstudio eine wesentlich jüngere Frau anspricht. Er beginnt einen kleinen Flirt und fragt sie schließlich, ob sie mit ihm ausgehen will. »Zum Glück hat sie abgelehnt«, notiert der Journalist und beendet pünktlich nach 30 Tagen sein Experiment – mit einem Sixpack Bier.

Ob er sich das alles nur eingebildet hat? Bewegung tut schließlich immer gut, und mit wachsendem Bizeps wächst das Selbstbewusstsein doch allemal. Simeon de la Torre lässt seinen Speichel wieder auf Testosteron testen. Und hat tatsächlich durch einen gesünderen Lebensstil innerhalb von nur vier Wochen seinen Testosteronspiegel um fast 60 Prozent erhöht!

Der Testosteronspiegel lässt sich durch einen gesunden Lebensstil erhöhen.

Das war für ihn allerdings mehr als genug.

Sein charmantes Resümee: »Zum Glück ist er nicht noch weiter gestiegen, sonst wäre ich jetzt vielleicht schon geschieden.«

Warum unsere Männer so gefährlich leben

Um die Gesundheit der Männer in Deutschland steht es nicht allzu gut. Man könnte sogar so weit gehen zu behaupten, die Männer seien eine gefährdete Spezies, vor allem die im »besten

Mannesalter«, also zwischen 40 und 60. Fünfmal so viele Männer wie Frauen erliegen in dieser Lebensphase einem Herzinfarkt, und dreimal mehr Männer als Frauen nehmen sich das Leben. Im Durchschnitt haben deutsche Männer eine um 5,5 Jahre geringere Lebenserwartung als Frauen. Sie sterben mit durchschnittlich 76,6, Frauen erst mit 82,1 Jahren. Doch eine biologische Ursache für diese große Differenz gibt es nicht – wie der Erste Deutsche Männergesundheitsbericht belegt.

Männer sind eine gefährdete Spezies. Vor allem die »im besten Mannesalter«.

Ende Oktober 2010 wurde der Pilotbericht von der Deutschen Gesellschaft für Mann und Gesundheit e.V. zusammen mit der Stiftung Männergesundheit und dem sozialwissenschaftlich orientierten Netzwerk Männergesundheit vorgelegt. Einen Frauengesundheitsbericht gibt es übrigens bereits seit 2001.

Die Autoren des Pilotberichtes zeigen: Obwohl das im Vergleich zu den Frauen frühere Sterbealter der Männer schon um 1900 bemerkt und aufgezeichnet wurde, führte das keineswegs dazu, nach den Ursachen zu forschen und das Augenmerk der Mediziner auf die gesundheitlichen Probleme der Männer zu richten. Unverändert blieb das als »schwach« definierte Geschlecht, also die Frau, im Fokus der Wissenschaft.

Untersuchungen in Klöstern, wo Männer und Frauen unter ganz ähnlichen Bedingungen leben, die Nonnen also keine Kinder bekommen, und die Mönche nicht in der Fabrik oder auf dem Bau arbeiten, haben inzwischen eindrucksvoll belegt, dass die Lebenserwartung unter gleichen Lebensbedingungen nur um ein Jahr differiert. Nur dieses eine Jahr, das Nonnen länger leben als Mönche, ist also auf die stabilere genetische Ausstattung der Frauen (die für ein stärkeres Immunsystem sorgt) zurückzuführen. Bleibt für alle, die nicht in einem Kloster leben, ein weiblicher Vorsprung in der Lebenserwartung von derzeit viereinhalb Jahren, der keine körperlichen, sondern soziale und kulturelle Ursachen haben muss.

Tatsächlich hängt die unterschiedliche Lebenserwartung von Mann und Frau mit dem Wandel der Lebensumstände vor allem in der Arbeitswelt zusammen: Männer lebten im Jahr 1850 im Durchschnitt 39,6 Jahre lang, die Frauen 40 Jahre. Der Unterschied war noch sehr gering. Danach aber lassen sich deutlich Phasen erkennen, in denen die Differenz in der Lebenserwartung von Mann und Frau größer wurde. Und zwar geschah das in den Jahren der Früh- und Hochindustrialisierung zwischen 1835 und 1914. Die Schere ging fortan stetig auseinander, so dass um 1910 Frauen bereits 3,5 Jahre länger lebten als Männer. In den Jahren 1980 und 1982 war der bisherige Höchststand der Differenz erreicht: Männer starben fast sieben Jahre früher als Frauen.

Anfang der 1980er Jahre starben Männer fast sieben Jahre früher als Frauen.

Als ein Hauptgrund für die deutlich geringere Lebenserwartung der Männer konnte die Arbeitsteilung ermittelt werden, die sich mit der Industrialisierung durchsetzte. Arbeitswelt und Privatsphäre wurden getrennt, die Frau blieb nun zu Hause und kümmerte sich um Haushalt und Kinder, der Mann verließ den häuslichen Bereich und war auf seine Rolle als Haupternährer festgelegt. Nicht nur seine Präsenz, auch seine Bedeutung innerhalb der Familie wurde damit geringer. Der Mann war fast ausschließlich seiner Berufsbelastung ausgesetzt. »Die Gesundheitsrisiken der vorwiegend von Männern ausgeführten Tätigkeiten waren und sind höher«, schreiben die Autoren des deutschen Männergesundheitsberichts. »So betreffen noch heutzutage 92 Prozent der tödlichen Arbeitsunfälle, fast 80 Prozent der meldepflichtigen Arbeitsunfälle und fast 83 Prozent der Arbeitsunfallrenten Männer.« Auch verrichten erheblich mehr Männer als Frauen gesundheitlich bedenkliche Schichtarbeit.

Frauen arbeiteten bis in die 1960er Jahre im Durchschnitt höchstens acht Jahre lang ganztags, bevor sie heirateten beziehungsweise ihr erstes Kind bekamen. Danach gingen sie oft nur halbtags zur Arbeit außer Haus. Noch 2007 war Halbtagsarbeit bei Frauen neunmal häufiger als bei Männern, ihre Berufstätigkeit war für sie also meist ein Zusatzjob zu den Aufgaben in der Familie.

»Die vielzitierte Doppelbelastung (Familie und Beruf) ist erstaunlicherweise nach allen vorliegenden Untersuchungen eher gesundheitsförderlich, jedenfalls gilt das im Vergleich mit der reinen Hausfrauentätigkeit. Ausschließlich als Hausfrauen Tätige haben eine geringere Lebenserwartung als ›Doppeltbelastete‹.« Solange diese nur halbtags arbeiten.

Seit aber immer mehr Frauen in Vollzeitjobs arbeiten, ist der Unterschied zwischen männlicher und weiblicher Lebenserwartung in den letzten 30 Jahren wieder geschrumpft, so dass die Differenz zu den Männern heute nurmehr 5,5 Jahre beträgt. Das bedeutet: Nicht die Männer sind gesünder geworden und nachgerückt, sondern die Frauen haben ihren Gesundheitsgewinn, den sie aus Teilzeitjob plus Familienarbeit gezogen hatten, durch die Kombination Vollzeitjob plus Sorge für die Familie zum Teil wieder verspielt.

Seit immer mehr Frauen in Vollzeitjobs arbeiten, ist der Abstand zwischen männlicher und weiblicher Lebenserwartung geschrumpft.

Im Umkehrschluss »müsste die Förderung von Teilzeitarbeit oder aber von Sabbaticals (also selbst gewählten Auszeiten) für Männer sowie deren Beteiligung an Elternzeiten ein wichtiges Ziel von Männergesundheitspolitik sein«. Einseitige Arbeitsbelastung – ob im Haushalt oder im Job – verkürzt die Lebensdauer. Ein guter Mix aus Berufs- und Familienarbeit wäre bei beiden Geschlechtern der Gesundheit am zuträglichsten – und würde längerfristig die Lebenserwartung von Männern und Frauen aneinander angleichen und weiter steigen lassen.

Das kann aber nur funktionieren, wenn wir gesamtgesellschaftlich den zweiten Hauptgrund für die schlechtere gesundheitliche Verfassung der Männer in Deutschland in den Griff bekommen: das traditionelle Leitbild der Männlichkeit, das gesellschaftlich noch immer als Orientierungsmuster dient und zu diversen Gesundheitsgefährdungen führt.

Hier fordert die Deutsche Gesellschaft für Mann und Gesundheit zusammen mit der Stiftung Männergesundheit einen »Bewusstseinswandel in Forschung, medizinischer Praxis und in der gesellschaftlichen Wahrnehmung der Situation von Männern«.

Denn nach dem alten Leitbild gehört es zum typisch männlichen Lebensstil, wenig auf eigene Bedürfnisse zu achten. Männer stellen an sich selbst extreme Leistungsanforderungen, auch beim Sport. Das führt dazu, dass sie sich selbst überfordern und mit ihrem Verhalten ihre Gesundheit gefährden. Das alte Prinzip: Ein Indianer kennt keinen Schmerz. Gerade jüngere Männer tauchen in Arztpraxen eigentlich nur nach Unfällen auf, bei Sportverletzungen oder Stürzen vom Motorrad. Das sind die prestigeträchtigen »Krankheiten«. Mit Beschwerden aber, die als »weiblich« gelten, gehen Männer nach Möglichkeit lieber nicht zum Arzt. Ein nach dem herkömmlichen Rollenbild »richtiger« Mann kümmert sich nicht fürsorglich um seinen Körper. Er ernährt sich oft schlecht, trinkt zu viel Alkohol, oft schon in jungen Jahren, um männlich und cool zu wirken und um sich von der weiblichen Kultur, in der Gesundheitsbewusstsein viel stärker verankert ist, abzusetzen.

Noch immer gilt das alte Prinzip: Ein Indianer kennt keinen Schmerz.

Männer wollen sich nicht mit Dingen beschäftigen, die als unmännlich gelten, und sind deshalb oft schlecht informiert. Unter den Männern, mit denen ich gesprochen habe, wusste kaum einer, welche Vorsorgeuntersuchungen ihm überhaupt zustehen. Drei Viertel dieser Midlife-Männer um die 50 waren noch bei keiner einzigen Vorsorge. Einer lässt nur regelmäßig seine Haut untersuchen, weil es in seiner Familie Fälle von Hautkrebs gab, ein anderer raucht und trinkt, geht aber nur zum Augen- und Zahnarzt, ein Dritter glaubt einfach nicht daran, dass Vorsorge »etwas bringt«, und akzeptiert überhaupt »nur bei akuter Todesgefahr« medizinische Hilfe.

In Deutschland gehen nur 20 Prozent aller Männer zur Vorsorge, dabei sind Herz- Kreislauf-Erkrankungen die Todesursache Nummer eins: Mehr als 150 000 Männer erleiden jährlich einen Herzinfarkt, der vermeidbar gewesen wäre, wenn sie ihre Gefäße hätten rechtzeitig untersuchen lassen und die Risikofaktoren verringert hätten. 200 000 Männer erkranken jährlich an bösartigen Tumoren wie Darm-, Prostata- oder Hodenkrebs. Je früher aber ein Tumor erkannt wird, umso eher kann die Behandlung lebensverlängernd sein. Darmkrebs kann sogar gänzlich verhindert werden, wenn man Polypen, Vorstufen von Darmkrebs, rechtzeitig entfernen lässt.

Mehr als 150 000 Männer erleiden jährlich einen Herzinfarkt, der vermeidbar gewesen wäre.

Doch sind die Männer nur zum Teil selbst schuld an ihrem mangelnden Gesundheitsbewusstsein. Die Pilotstudie zur Gesundheit der deutschen Männer deckte enorme Versorgungslücken in unserer Gesellschaft auf: Bis heute fehlt eine breitangelegte Gesundheitsförderung, die auf die spezifischen Bedürfnisse von Männern zugeschnitten und vor allem so formuliert ist, dass sie Männer anspricht und motiviert. Zudem fehlen Vorsorgeangebote für junge Männer.

Mein Sohn gehört zum letzten Jahrgang (1992), der noch gemustert wurde. Den Wehr- oder Zivildienst mussten er und seine Kumpels dann jedoch schon nicht mehr antreten. Wie viele schnell in die Höhe geschossene junge Männer klagte er immer mal wieder über Rückenschmerzen, war außerdem anfällig für Bronchitis und hatte noch ein paar persönliche Themen, die er gerne mit einem Arzt besprochen hätte.

Ich gab ihm also den Tipp, vor der offiziellen Musterung durch den Amtsarzt des Kreiswehrersatzamtes bei unserer Hausärztin vorbeizuschauen und sich durchchecken zu lassen. Von meiner Tochter wusste ich, dass sie sich seit Jahren ganz selbstverständlich von ihrem Frauenarzt betreuen lässt.

Aber mein Sohn kam unverrichteter Dinge zurück. Die Ärztin hatte auf seine Karteikarte geschaut: Er war im letzten Jahr nur einmal bei ihr gewesen, wegen einer Bronchitis. Also hörte sie ihn kurz ab und schickte ihn wieder heim. Für eine Rund-um-Untersuchung gäbe es keinen Grund. Und die Krankenkassen haben für junge Männer eben keinen Gesundheits-Check-up vorgesehen. Und das, obwohl Hodenkrebs die häufigste Krebserkrankung bei jungen Männern ist!

Kein Wunder, dass Männer auch in fortgeschrittenem Alter spät, oftmals zu spät zum Arzt gehen und Vorsorgeangebote nicht wahrnehmen: Es gehört nicht zu ihrem Leben, sie wurden nie daran gewöhnt, während junge Mädchen häufig schon nach Einsetzen der Menstruation oder spätestens, wenn es um Verhütung geht, regelmäßig einen Frauenarzt ihres Vertrauens aufsuchen. Und schon ab 20 steht Frauen jährlich eine Krebsvorsorgeuntersuchung zu.

Für Frauen gibt es Krebsvorsorge schon ab 20, für Männer erst ab 45 Jahren.

Es gibt auch erst wenige auf Männergesundheit spezialisierte Ärzte – im Unterschied zu den vielen Fachärztinnen und -ärzten für Frauenheilkunde. Das heißt, Männer gehen mit ihren Männersorgen meist zum Urologen oder zu einem Internisten. Ungern, versteht sich. Und meist erst, wenn sie nach

Einsetzen der »Wechseljahre« Beschwerden haben oder wenn in ihrem Umfeld ein Freund oder Bekannter plötzlich schwer erkrankt ist. Das schreckt viele dann doch auf. Aber nur zu oft treffen die Männer in der Praxis auf einen Spezialisten, der sich ausschließlich auf den Urogenitaltrakt seines Patienten konzentriert.

Man kann allerdings auch Glück haben. Manfred, inzwischen 50, erzählte mir von einem Arztbesuch, der ihm die Scheu vor Arztpraxen genommen hat. Als er mit 45 Jahren ziemlich ängstlich zum ersten Mal zur Vorsorge ging, traf er auf einen älteren, warmherzigen Internisten, er schätzte ihn auf knapp 70. Der führte nicht nur sehr solide sämtliche körperlichen Untersuchungen durch, sondern fragte auch nach seinem Allgemeinbefinden und seiner Lebenssituation. »Ein halber Psychotherapeut«, lobte Manfred. Er habe gezittert, als er ihm seine Lebensgeschichte erzählte, aber der Arzt hörte ihm so aufmerksam zu, dass sich Manfred bei ihm richtig aufgehoben fühlte. Am Schluss nahm der Internist Manfreds Hände fest in seine, schaute ihm in die Augen und sagte: »Sie sind ein gesunder junger Mann.« Und so fühlte sich Manfred dann auch. Sofort.

Leider haben Männer in der Regel keinen Vertrauensarzt, der ihnen in gesundheitlichen Fragen zur Seite steht und der dafür ausgebildet ist, den richtigen Ton zu treffen, um seine männlichen Patienten für das Thema Gesundheit zu sensibilisieren und mit gutem Rat zu ihnen durchzudringen.

Männer haben in der Regel keinen Vertrauensarzt.

Wir Frauen treffen mit unseren wohlmeinenden Gesundheitstipps zwar auch nur selten den richtigen Ton, aber es schadet vielleicht trotzdem nicht zu wissen, welche Vorsorgeleistungen Männer in Anspruch nehmen können.

- Ab 35 alle zwei Jahre zur Früherkennung von Herz-Kreislauf-Erkrankungen, Nierenerkrankungen, Diabetes (Zucker) und Hautkrebs.
- Ab 45 jährlich zur Früherkennung von Prostatakrebs (Tastuntersuchung, Inspektion) und Hautkrebs.
- Ab 50 jährlich zur Früherkennung von Darmkrebs (Tastuntersuchung, Stuhlbluttest).
- Ab 55: erste Darmspiegelung zur Früherkennung von Darmkrebs. Bei unauffälligem Befund und Beschwerdefreiheit nach zehn Jahren zweite Darmspiegelung, alle zwei Jahre Test auf Blut im Stuhl.

Männersprech in der Arztpraxis

In unserer Kultur betrachten Männer ihren Körper meist als eine Art Maschine, die funktionieren soll. Will ein Mann seine Maschine reparieren lassen, spricht er ungern von Beschwerden, die über das angeschlagene Bauteil hinausgehen. Er will nicht wehleidig sein und wünscht eine schnelle, einfache Lösung für sein Problem. Da nun auch Ärzte oft »Männer der Tat« sind, die lieber handeln, statt große Worte zu machen, werden sie ihre männlichen Patienten wahrscheinlich möglichst wortlos und effizient untersuchen, eine Diagnose liefern und rasch eine Lösung anbieten. Die Arztpraxis als Reparaturwerkstatt. Zum Reden gibt es schließlich Psychotherapeuten. Und ein Arzt wird nun mal nicht fürs Reden bezahlt.

Männer betrachten ihren Körper als eine Art Maschine, die funktionieren soll.

Kein Wunder also, was eine Studie ergab: Die Gesprächsdauer beim Arzt differiert stark – je nach Geschlecht des Patienten. Man hat es sich fast schon gedacht: Am längsten dauern ärztliche Unterredungen zwischen Patientinnen und Ärztinnen, am kürzesten fallen sie aus, wenn ein Mann zum Arzt geht.

Man kann sich das vielleicht so vorstellen:

Arzt-Patient-Kommunikation (Männliche Grundhaltung: Her mit der Lösung!)

Arzt: »Guten Tag!«
Patient: »Guten Tag!«
»Na, wo zwickt's?«
»Da.«
»Mal sehen.«
»Aua!«
»Aha, alles klar. Hier Ihr Rezept! Das reiben Sie auf die Stelle, brennt ein bisschen, wirkt aber sofort.«
»Danke.«
»Auf Wiedersehen!«
»Lieber nicht.«

Ärztin-Patientin-Kommunikation (Weibliche Grundhaltung: Der Weg ist das Ziel.)

Ärztin: »Guten Tag!«
Patientin: »Guten Tag, Frau Doktor, da bin ich aber froh, dass ich so schnell wieder einen Termin bekommen habe.«
»Nehmen Sie doch bitte Platz!«
»Vielen Dank.«
»Nun, wie geht's Ihnen, was führt Sie zu mir?«
»Hm, das ist gar nicht so leicht zu sagen – ich fühle mich irgendwie so schlapp, und seit ein paar Tagen zieht es so seltsam im Kreuz.«

»Aha, ist das eher ein stechender oder dumpfer Schmerz?«

»Schwer zu sagen, eigentlich weder noch. Es fängt meistens irgendwie in den Kniegelenken an, und dann, besonders wenn ich nach dem Essen aus der Kantine ins Büro zurückgehe, steigt es irgendwie Richtung Becken auf und breitet sich von dort diffus in die Gliedmaßen aus, manchmal bis in die Fingerspitzen.«

»Was breitet sich da aus?«

»So ein seltsames Gefühl, ich weiß auch nicht.«

»Na, da schauen wir doch mal gründlich nach. Tut's hier weh?«

»Weh? Nein, so würde ich das nicht bezeichnen, nicht so direkt, es ist eher eine empfindliche Stelle, etwas wund, aber kein wirklicher Schmerz.«

»Und hier?«

»Auch so eine leicht ziehende Empfindung mit einem dumpfen Unterton.«

»Hm, Ihre Beschwerden sind diagnostisch nicht so leicht zu erfassen. Was tut Ihnen denn erfahrungsgemäß gut, was könnte lindernd wirken?«

»Also ich gehe unheimlich gern mit unserem Hund spazieren und mit meinen Freundinnen nach dem Yoga noch Kaffeetrinken.«

»Dann würde ich Ihnen vorschlagen, dass Sie das in der nächsten Zeit verstärkt tun, und mir Bescheid geben, ob sich die Beschwerden gebessert haben. Außerdem schreibe ich Ihnen hier ein Medikament auf, das leicht stimmungsaufhellend wirkt.«

»Oh, vielen Dank, Frau Doktor, wann kann ich wiederkommen?«

»Am besten stellen Sie sich nächste Woche nochmal vor, und wenn es schlimmer wird, rufen Sie an, dann schieb ich Sie als Notfall zwischenrein.«

»Vielen Dank, ja, das ist gut, also auf baldiges Wiedersehen!«

»Auf Wiedersehen!«

»Wenn der Wind des Wandels weht«

Ein zart gewebter Klangteppich aus Meditationsmusik schwebt über dem Plätschern eines Zimmerbrunnens, und der Duft eines unbekannten Gewürzkrautes schwängert die Luft. Man fühlt sich gleich ein bisschen gesünder, leichter und jünger, während man auf den weißen Sesseln im Foyer des Zentrums für Traditionelle Chinesische Medizin (TCM) München sitzt und auf Zhongwen Zhang wartet.

An der Wand steht ein schwarzer Konzertflügel, darüber ein Foto, auf dem Herr Zhang neben dem chinesischen Starpianisten Lang Lang zu sehen ist.

Später wird der aus China stammende Heilpraktiker und TCM-Experte verraten, dass er seit Jahren mit Lang Lang befreundet ist und dass sich der junge Pianist, immer wenn er in München auftritt, von ihm massieren und, falls nötig, anderweitig therapieren lässt.

Den Flügel aber bespielt Herr Zhang selbst. Er hat vor drei Jahren angefangen, Klavierunterricht zu nehmen, erzählt er, heute spielt er Beethoven, Chopin oder Schubert bereits so, als habe er seit mindestens zwanzig Jahren Unterricht. Er ist jetzt 47 und der beste Beweis dafür, dass man auch in höherem Alter lernfähig bleibt und sich immer wieder neuen Herausforderungen stellen sollte.

Aber noch warte ich und erlebe, wie eine schöne Dame mittleren Alters in einem Behandlungszimmer verschwindet, noch schöner wiederkehrt, an der Rezeption ein Rezept für einen Kräutertee entgegennimmt, bezahlt und sofort einen neuen Termin vereinbart.

Mir fällt ein chinesischer Spruch ein, der gut zu unserem Thema passt: »Wenn der Wind des Wandels weht, bauen die einen Mauern, die anderen Windmühlen.« Und sind nicht die

»Wenn der Wind des Wandels weht, bauen die einen Mauern, die anderen Windmühlen.«

Chinesen selbst, mit ihrer traditionellen Auffassung von Gesundheit und Medizin ganz besonders begabte Windmühlenkonstrukteure?

Ich habe mich ein wenig eingelesen in diese Traditionelle Chinesische Medizin. Nur das Nötigste – über die Prinzipien Yin und Yang und was in der Lebensmitte damit passiert: Die Kraft, die einem Menschen bei der Geburt mitgegeben ist, heißt Essenz und verbraucht sich, je älter man wird. Ist sie ganz aufgebraucht, stirbt man. Die Essenz besteht aus den beiden Prinzipien Yin und Yang, die zwar komplett gegensätzlich sind, sich aber so stark aufeinander beziehen, dass sie ohne einander nicht denkbar wären. Es gibt sie nur im Doppelpack. Je nachdem, wie nun ein Mensch lebt, welchen Lebensstil er pflegt und ob er ein Mann oder eine Frau ist, werden diese beiden Kräfte im Verlauf des Lebens unterschiedlich stark verbraucht.

Yang, das »männliche« Prinzip, erschöpft sich vor allem in körperlichen Aktivitäten, bei kreativen und nach außen gerichteten Arbeiten. Yin dagegen wird vor allem durch Geburten, durch Blutverlust, starke Gefühlsregungen und Schlafmangel abgebaut. Frauen verbrauchen deshalb meist ihr Yin schneller als das Yang, und die Männer umgekehrt ihr Yang schneller als das Yin.

In der Mitte ihres Lebens haben Männer dann mehr Yin übrig, werden dadurch ruhiger, sanfter und körperlich etwas schwächer. Sie entdecken neue Seiten an sich und interessieren sich oft für geistige, spirituelle Zusammenhänge. Frauen hingegen spüren im mittleren Alter die Kraft des Yang stärker, es zieht sie in die Welt hinaus, sie werden zielstrebiger und selbstbestimmter. Das erinnert mich stark an die Östrogen-Testosteron-Umschichtung gemäß der westlichen Schulmedizin.

In der Mitte ihres Lebens haben Männer mehr Yin übrig. Sie werden dadurch ruhiger, sanfter und körperlich etwas schwächer.

Zhongwen Zhang begleitet jetzt einen jungen Mann, vielleicht ein Student von der nahen Uni, eine Etage nach oben. Dann bittet er mich in seinen großen, eleganten Besprechungsraum.

Seit knapp 20 Jahren praktiziert Zhang TCM in Deutschland und hat den Unterschied der Kulturen genau studiert. Die TCM als eine ganzheitliche Heilkunst versteht er als Ergänzung zur westlichen Schulmedizin, die sich besonders bei Funktionsstörungen, Schmerzzuständen und psychosomatischen Beschwerden als hilfreich erwiesen hat.

In der chinesischen Kultur beschäftigten sich Männer genauso wie Frauen mit der Pflege ihrer Gesundheit, sagt er. Der Selbstfürsorge haftet keinerlei »Makel« an, sie gilt nicht als »schwach« oder »weibisch«. Männer haben auch Verständnis für Frauensorgen, sie haben sowieso einen besseren Zugang zu Frauen als westliche Männer. »Wir sind sanft«, sagt Zhongwen Zhang, »wir sind poetisch. Das gefällt den Frauen.«

Chinesische Männer praktizieren genauso Yoga, Tai Chi oder Qi Gong wie die Frauen. Das sei in China ab vierzig einfach üblich. Wenn man morgens früher aufwacht, was mit fortschreitendem Alter meist passiert, geht man im Morgengrauen, in den kühlen Morgenstunden nach draußen in den nächsten Park und macht seine Bewegungsübungen. Da das viele tun, ist man nie allein. Das heißt, auch wenn man Single ist oder im Ruhestand und keine Arbeitskontakte mehr hat, trifft man ganz zwanglos auf der Straße oder im Park andere Menschen. Auch an den Wochenenden oder am Abend.

Chinesische Männer praktizieren genauso Yoga, Tai Chi oder Qi Gong wie die Frauen. Das ist in China ab vierzig einfach üblich.

Manche spielen spontan Szenen aus der Pekingoper nach, jemand bringt Musik mit, es wird gespielt, getanzt, die Frauen haben etwas zum Essen dabei, man kocht gemeinsam, tauscht sich aus, wird seine Sorgen los, spricht über die Familie, was die Kinder so machen. Auf diese Weise kommt es zur Anbahnung von Beziehungen unter den Älteren und sogar zu Heiratsvermittlungen. Das ist alles nicht organisiert, zwang- und völlig kostenlos. Die Männer sind auch an kulturellen Aktivitäten genauso interessiert wie die Frauen. Alle nehmen das Älterwerden nicht so furchtbar ernst. »Asiatische Männer haben eine andere Art von Männlichkeit, sie wollen nicht mit ihrer körperlichen Kraft protzen, das ist in unserer Kultur kein anerkannter Wert. Deshalb sind die Männer nicht unter dem Druck, ihre Körper zu stählen, Bodybuilding zu machen, diesen ganzen Schwarzenegger-Kram.« (Das Wort »Schwarzenegger-Kram« klingt übrigens mit chinesischem Akzent ganz zauberhaft!)

»Asiatische Männer stehen nicht unter dem Druck, diesen Schwarzenegger-Kram zu machen.«

Hier in Deutschland muss man für solche kulturellen oder sportlichen Aktivitäten gleich in einen Verein gehen, fährt Zhongwen Zhang fort, meistens kostet es Geld und ist weniger locker. »Bei uns in China gibt es auch sehr viel weniger Alkoholiker oder Abhängige von anderen Drogen«, sagt Herr Zhang. In China, erfahre ich, hört man es gern, wenn andere einen »alter Mann« oder »alte Frau« nennen. Das ist ein Ehrentitel. »Man ist stolz darauf, wenn man 80 Jahre alt ist, wenn man es schon so weit gebracht hat.« Der 47-jährige Zhongweng Zhang würde selbst allerdings noch nicht gerne so betitelt.

Wie im Deutschen existiert auch im Chinesischen ein Begriff für die weiblichen »Wechseljahre«, jene Zeit, in der sich bei Frauen die Fruchtbarkeit allmählich zurückentwickelt, bis sie keine Kinder mehr bekommen können. Niemals aber würde man mit der chinesischen Medizin in diesen Prozess eingreifen. So etwas wie »Hormonersatztherapie« ist in der

So etwas wie »Hormonersatztherapie« ist in der TCM nicht denkbar.

TCM nicht denkbar. Es geht immer nur darum, die Selbstregulation des Körpers anzuregen.

»Die chinesische Medizin ist immer Hilfe zur Selbsthilfe. Und die erfordert ein individuelles Vorgehen.« Was bedeutet: Geht eine Frau mit Beschwerden wie Hitzewallungen zum Arzt, wird sie auf Grund einer Zungen- und Pulsdiagnose einen anderen Kräutertee-Mix verschrieben bekommen als ihre Freundin, die ebenfalls unter Hitzewallungen leidet. Niemals soll ein Prozess aufgehalten oder verhindert, sondern immer nur das Befinden individuell verbessert werden.

Bei Männern ist das nicht anders. Zwar gibt es keinen Begriff für männliche »Wechseljahre«, aber in der Traditionellen Chinesischen Medizin ist für den Mann in der Lebensmitte das sogenannte Nieren-Chi bedeutsam. Für die Frau ist es mehr die Leber. Und beide, Mann wie Frau, sollten sich in dieser Lebensphase um ihre Milz kümmern. Denn über die Milz kann die gesamte Lebensenergie aktiviert werden. Wenn man sehr nachdenklich wird, zu Depressionen, Erschöpfung, Müdigkeit oder Allergien neigt und sich leicht erkältet, ist das ein Zeichen dafür, dass die Milz geschwächt ist.

Männer wie Frauen sollten sich in der Lebensmitte um ihre Milz kümmern und viel Sex haben – sagt die Traditionelle Chinesische Medizin.

Die Zeit zwischen 40 und 60 ist weder bei Frauen noch bei Männern per se eine Krankheitsphase. »Es kann nur sein, dass die Kräfte im Körper nicht harmonisch fließen. Deshalb empfehlen wir ab 40 sanfte Bewegungsübungen wie Qi Gong und Tai Chi. Diese Übungen machen kreativ, halten geistig beweglich und helfen somit gegen Demenz, sind aber auch gut bei Knochenbeschwerden.

Wir sagen, mit 50 wächst das Verständnis für Gott. Diese Übungen sind meditativ, und dadurch fördern sie das Verständnis gegenüber dem, was eigentlich nicht zu verstehen ist. Unsere

Sinne sind unfähig, über das Materielle hinaus etwas wahrzunehmen, das heißt, unsere Wahrnehmung ist sehr begrenzt. Meditation schaltet unser Alltagsdenken ab, damit wir aus dieser Welt herausspringen und uns für die Wahrheit hinter den Dingen öffnen können.

Zehn Minuten täglich sollten wir spätestens ab dem 50. Geburtstag aus dem alltäglichen Stress aussteigen. Außerdem sollten wir auch etwas Schönes in Gemeinschaft tun, im Chor singen zum Beispiel oder Musik hören. Das befreit auch.

»Zehn Minuten täglich sollten wir spätestens ab dem 50. Geburtstag aus dem alltäglichen Stress aussteigen.«

Bei den westlichen Männern hier in Deutschland erlebe ich, dass sie sich im Älterwerden oft Sorgen um ihre sexuelle Leistungsfähigkeit machen. Sie sind auch darin sehr leistungsorientiert. In der chinesischen Medizin heißt es: Zu viel Sex macht die Nieren schwach. Damit ist vor allem gemeint, dass mit dem Ejakulieren sehr viel Energie verloren geht. In der westlichen Medizin wird das heruntergespielt, da heißt es nur: ›Ach, diese paar Gramm Eiweiß, das ist doch nicht der Rede wert.‹ In unserer Sichtweise aber meinen wir den ganzen hochkomplexen Prozess, der für die Bildung des Samens nötig ist, der vom männlichen Körper einen großen Energieeinsatz fordert. Schließlich wird für diese ›paar Gramm Eiweiß‹ in millionenfacher Ausführung die gesamte Information für neues Leben bereitgestellt.

Wenn ein Mann Erektionsstörungen hat, ist das für uns ein Zeichen, dass er sich verausgabt hat. Wenn er seine Kräfte beisammenhalten will, tut er nun gut daran, nicht zu ejakulieren. Dann kann er sehr viel länger und öfter Sex haben, und er kann sich mit seiner Frau zwei, drei, ja vier Stunden am Stück vergnügen. Die Frauen sind ja von Natur aus viel ausdauernder und werden das zu schätzen wissen.

Und falls ein Mann tatsächlich einmal impotent sein sollte und gar nichts mehr geht, so ist das reiner Selbstschutz! Es bedeutet, dass dieser Mann gerade nichts mehr zu geben hat. Dass für ihn Lebensgefahr besteht, wenn er seine letzten Reserven verschleudert. Indem der Körper die Erektion verweigert, sagt er: Halt!

Diesen Schutzschild dann mit Potenzmitteln wie Viagra zu umgehen und den Körper dazu zu bringen, dennoch zu funktionieren, halte ich für lebensgefährlich! Es geht dabei doch nur darum, dass der Mann kurzfristig Spaß hat. Aber er verhält sich so, als hätte er sein Bankkonto schon bis zum Anschlag überzogen und würde immer weiter einkaufen, weitere Schulden machen, bis der Gerichtsvollzieher kommt.

Im Übrigen ist es für Männer wie für Frauen gut, auch in höherem Alter Sex miteinander zu haben, denn sie können damit ihre Lebenskraft stärken, indem sie ihre Yin- und Yang-Kräfte austauschen. Durch den Austausch entsteht wieder sogenannte Essenz, die Lebenskraft, und das Shen wird verstärkt. Shen bezeichnet den Geist, das menschliche Bewusstsein, seine Wachheit oder Persönlichkeit. Das Shen bleibt im Herzen und stabilisiert das Herz. Das ist sehr gut gegen die innere Unruhe, die Männer häufig in der Lebensmitte erfasst. Und es sorgt für einen ruhigen Schlaf.«

»Midlife-Männer und -Frauen können ihre Lebenskraft stärken, indem sie Yin und Yang austauschen.«

Im Midlife-Männer-Land der westlichen Welt geht es selten so gelassen zu. Den meisten Einwohnern fehlt der Mumm, den Stier des Älterwerdens bei den Hörnern zu packen. Stattdessen versuchen sie so zu tun, als ginge sie das, was da auf sie zugerast kommt, gar nichts an. Da wird weggeschaut oder in die Luft geguckt und gepfiffen. So lange es eben geht.

Kapitel 5

Reaktionen der verunsicherten Eingeborenen

Die Illusion von der Alterslosigkeit des Mannes, seine Fluchtinstinkte und die beliebtesten Ausweichmanöver

Forever young?

»Ich altere nicht, jedenfalls noch nicht«, sagten viele Männer, mit denen ich gesprochen habe, obwohl sie schon allerlei Zipperlein an sich bemerkt hatten. Die Mittvierziger fühlten sich wie maximal fünfunddreißig. Die 50-Jährigen meinten, »das Alter« finge möglicherweise jenseits der Sechzig an, die 60-Jährigen sagten, vielleicht sei's mit siebzig so weit. »Wir Männer sind im Grunde alterslos, wir bleiben doch ewig Jungs!«, hieß es immer wieder.

Aus solchen Sprüchen lässt sich heraushören, dass Midlife-Männer Alterslosigkeit für ein männliches Privileg halten. Eine Illusion, die sich auch davon nährt, dass der männliche Alterungsprozess im Vergleich zum weiblichen weniger mit dem Verlust von Attraktivität in Verbindung gebracht wird.

Das Klischee, wonach Männer »besser« altern als Frauen, ist noch ziemlich verbreitet.

Da leuchtet etwa auf der Infoscreen in einem Münchner S-Bahnhof folgende Schlagzeile auf: »Knochenbrüchigkeit steht Frauen mittleren

Alters ins Gesicht geschrieben.« Darüber das Foto einer scheu in die Kamera lächelnden Lady mit markanten Linien um Mund und Augen.

Hilfe! Wir Midlife-Frauen sind gebrandmarkt! Eine US-amerikanische Studie, die 2011 an Frauen in den Wechseljahren durchgeführt wurde, hat ergeben, dass sich an Faltenmenge und -tiefe im Gesicht und am Hals Hinweise auf die Knochendichte ablesen lassen: je tiefer die Falte, desto größer die Neigung zu Osteoporose.

Aber wer fragt eigentlich nach Falten (vielleicht an anderen Körperteilen) und Knochenbrüchigkeit der Männer mittleren Alters? Und wer prangert diese auch noch öffentlich an? Bis in die 1990er Jahre hielt man Osteoporose für eine reine Frauenkrankheit und hatte bei Männern noch nicht einmal Messungen der Knochendichte vorgenommen. Inzwischen weiß man längst, dass auch Midlife-Männer gefährdet sind, an Osteoporose zu erkranken. Statistisch gesehen trifft es jeden fünften Mann und jede dritte Frau über 50. Doch werden weiterhin vor allem Studien an Frauen publiziert, und das Osteoporose-Risiko der Männer ist bis heute noch nicht im allgemeinen Bewusstsein angekommen.

Wer fragt nach Falten und Knochenbrüchigkeit von Männern mittleren Alters?

Dumm für die Männer, deren Leiden oft unerkannt bleibt oder zu spät behandelt wird. Zugleich erleichtert man es Midlife-Männern durch solche »Vernachlässigung« ihrer Schwächen zu verdrängen, dass auch sie nicht ungeschoren davonkommen. Das mag fürs Selbstwertgefühl gut sein, der Selbsterkenntnis aber ist es nicht zuträglich.

Ähnlich verhält es sich mit der vermeintlich alterslosen Zeugungskraft der Männer. Während die hormonellen Umbauprozesse bei Frauen stereotyp als »schwerwiegend«, »dramatisch« und »abrupt« beschrieben werden, heißt es über die der Männer, sie vollzögen sich »fast unmerklich« und »schleichend« und wären vor allem »weniger einschneidend«. Schließlich können Männer mit 45 und weit darüber hinaus noch Kinder zeugen. Frauen werden in diesem Alter nur noch in Ausnahmefällen schwanger. Und nach der Menopause ist's mit der weiblichen Fruchtbarkeit dann endgültig vorbei.

Die Vorstellung von »ewiger Jugend« und »Alter«, von »anhaltender Attraktivität« und »nachlassender Anziehungskraft« sind demnach an die Diagnose »noch fruchtbar« beziehungsweise »nicht mehr fruchtbar« gekoppelt.

Die Vorstellungen von Jugend und Alter sind an die Diagnose »fruchtbar« und »unfruchtbar« gekoppelt.

Was in beide Richtungen falsch ist. Einerseits beginnen Frauen keineswegs schlagartig ab den Wechseljahren, also mit dem Rückgang der Sexualhormone, der schließlich zur Unfruchtbarkeit führt, zu altern. Der Alterungsprozess setzt vielmehr davon unabhängig schon ein (bei beiden Geschlechtern), wenn das Wachstumshormon Somatotropin und die Nebennierenhormone DHEA und DHE-S abnehmen. Somatotropin wird schon nach der Pubertät immer weniger ausgeschüttet, DHEA und DHE-S, die eine aufbauende und psychisch aktivierende Wirkung haben, fangen im blühenden Alter von etwa dreißig Jahren an zu schwinden. Und auch in der Einschätzung der männlichen Zeugungskraft ist die Medizin in den letzten Jahren zu ganz neuen Ergebnissen gelangt.

Die biologische Uhr tickt auch für ihn

Die Illusion von ihrer »ewig jungen Biologie« kann Männer in jüngeren Jahren dazu verleiten, das Kinderzeugen bis in die Lebensmitte oder darüber hinaus aufzuschieben. Oder dazu, es später, in einer zweiten oder gar dritten Runde mit neuen (jungen) Frauen zu wiederholen und in fortgeschrittenem Alter nochmals Vater zu werden.

Martin zum Beispiel hat sich gerade, mit Anfang vierzig, von seiner 38-jährigen Freundin getrennt, weil sie dringend Kinder will und er dafür, zumindest anfangs, die finanzielle Verantwortung übernehmen soll. Martin kann und will ihr das nicht garantieren, weil seine Solo-Karriere als Musiker noch nicht auf einem soliden Fundament steht. Und zu einem Kompromiss, etwa als Musiklehrer zu arbeiten, um regelmäßig Geld zu verdienen, ist er nicht bereit.

»Sie hat Torschlusspanik«, erzählt er, »verständlicherweise, denn sie ist schon Ende dreißig. Aber ich bin noch nicht so weit. Ich fühle mich in erster Linie meiner Begabung verpflichtet und werde meine Karriere als Künstler nicht für ein Kind opfern.

Wenn ich in zehn oder auch erst in zwanzig Jahren richtig Erfolg habe und genug verdiene, habe ich als älterer Mann, gerade mit einem gewissen Status, noch alle Optionen, mit einer jungen Frau eine Familie zu gründen – siehe Charly Chaplin, siehe Picasso, Uli Wickert, Sky Dumont, Michael Douglas, Sir Simon Rattle …«

»Wenn ich in zehn oder zwanzig Jahren genug verdiene, habe ich als älterer Mann noch alle Optionen, eine Familie zu gründen.«

Wie Martin denken – und handeln – immer mehr Männer. Hatte noch 1990 weniger als jedes vierte Kind in Deutschland einen Vater über 35, war es im Jahr 2000 bereits jedes dritte und 2007 waren es schon fast vierzig Prozent aller Kinder. Heute hat jedes zwanzigste Neugeborene in Deutschland sogar schon einen Vater über fünfzig. In den USA ist es bereits jedes zehnte Kind, Tendenz steigend.

Eine Bekannte, Maria, erzählte mir von einem solchen Fall aus ihrem Freundeskreis: Michael begann mit fünfzig eine Beziehung zu einer Frau von Anfang dreißig. Seine Kinder aus erster Ehe waren um die zwanzig und soeben ausgeflogen. »Mensch, haben wir gesagt, Michel, jetzt kannst du loslegen, endlich leben!«, berichtet Maria. »Der Job läuft, nach zwanzig Jahren Kids und Familie kannst du jetzt deine ureigenen Interessen verfolgen, kannst reisen, um die Welt segeln, Städtetrips machen, was auch immer, die große Freiheit!«

Doch seine junge Frau wollte natürlich Kinder, und jetzt hat Michael einen zweijährigen Sohn. Im Unterschied zu seiner ersten Frau ist seine zweite berufstätig, sagt Maria, so dass Michael jetzt bei der Kinderbetreuung ebenso eingespannt ist wie sie: »Jede Nacht muss er raus. Er ist total erschöpft. Um das durchzustehen, trainiert er in seiner knappen Freizeit verbissen. Er geht ins Fitnessstudio, spielt Squash, was weiß ich alles. Seine Knie sind kaputt, laufend hat er Operationen. Jetzt muss er sich schon wieder am Meniskus operieren lassen. Man kann ihm dabei zusehen, wie er sich fertigmacht. Der Burn-out ist nah. Es ist schrecklich, aber er lässt sich auch von seinen besten Freunden nichts sagen.«

> **»Jede Nacht muss er raus. Er ist total erschöpft. Um das durchzustehen, trainiert er in seiner knappen Freizeit verbissen.«**

Neben solchen Beispielen gibt es natürlich auch wesentlich weniger strapazierte ältere Väter. Vor allem, wenn sie wohlhabend und schon im (Vor-)Ruhestand sind, widmen sie sich hingebungsvoll ihren Kleinkindern und können damit ihren jüngeren, beruflich aktiven Frauen auch noch den Rücken freihalten.

Welche Anstrengungen und welche Freuden kleine Kinder und junge Frauen für ältere Männer mit sich bringen, darüber wurde in letzter Zeit viel geredet und geschrieben. Immer häufiger gerät dabei auch in den Blick, welche Folgen es für die Kinder haben mag, wenn sie mit einem Vater aufwachsen, der bereits auf der Lebensstufe eines Großvaters angekommen ist.

Dass aber das Risiko für Schizophrenie und Autismus bei Kindern von Vätern über fünfzig fast genauso hoch ist wie das Risiko für ein Kind mit Down-Syndrom bei Frauen ab 35, ist erst den wenigsten bewusst. Schon bei Vätern über 35 ist die Wahrscheinlichkeit, dass die Mutter eine Fehlgeburt erleidet, um ein Viertel erhöht. Studien in Finnland haben gezeigt, dass das Sterberisiko für Kinder von Vätern über 30 ansteigt, und für Kinder von über 45-jährigen Vätern bereits dreimal so hoch ist wie für die Kinder jüngerer Väter.

Denn Krebserkrankungen, Diabetes und Herzfehler kommen bei Kindern alter Väter deutlich häufiger vor. Amerikanische Forscher haben kürzlich auch einen Zusammenhang zwischen der Intelligenz der Kinder und dem Alter ihrer Väter ermittelt. Während der Nachwuchs älterer Mütter durchschnittlich intelligenter ist als der jüngerer Frauen, schneiden die Kinder von Vätern über 50 beim Intelligenztest um durchschnittlich sechs IQ-Punkte schlechter ab als die von 20-jährigen Männern. Das ist nicht viel, aber eindeutig. Schwedische Forscher konnten nachweisen, dass Kinder von über 55-jährigen Männern später ein signifikant höheres Risiko haben, an manisch-depressiven Störungen zu erkranken.

Kinder 50-jähriger Väter schneiden beim Intelligenztest deutlich schlechter ab.

Dass bislang vor allem ein höheres Alter der Mutter als Risikofaktor für die Gesundheit des Kindes galt, liegt daran, dass man annahm: Eizellen altern, Spermien nicht. Frauen kommen nämlich bereits mit ihrem kompletten Satz an Eizellen auf die Welt, aus dem dann ab der Pubertät Monat für Monat ein Ei heranreift. Eizellen sind also immer genauso alt wie »ihre« Frau. Und je älter, desto anfälliger werden sie für genetische Defekte. Das bekannteste Risiko: Bei Frauen ab 35 steigt die Wahrscheinlichkeit, ein Kind mit Down-Syndrom zu bekommen, steil an.

Im Unterschied zu den Eizellen der Frau sind die Spermien der Männer nicht auf Vorrat angelegt, sondern werden ab der Pubertät im Hoden alle 16 Tage neu gebildet, sind also im Prinzip immer frisch und ewig jung. Inzwischen aber weiß man von 20 Erbkrankheiten, die auf defekte Spermien zurückzuführen sind. Nur sehr selten kommt es zwar zu körperlichen Behinderungen, wie etwa der Achondroplasie, bei der die Kinder mit verkürzten und verformten Arm- und Beinknochen zur Welt kommen. Dagegen treten psychische Störungen bei Kindern älterer Väter ähnlich häufig auf wie das Down-Syndrom bei Kindern älterer Mütter.

Psychische Störungen treten bei Kindern älterer Väter ähnlich häufig auf wie das Down-Syndrom bei Kindern älterer Mütter.

Warum viele dieser Vater-abhängigen Krankheiten entstehen, ist noch nicht sicher geklärt. Die meisten Genforscher nehmen aber an, es könnte daran liegen, dass sich die Spermien eines älteren Mannes schon zu oft geteilt haben. Jede neue Keimzelle wird nämlich dadurch gebildet, dass sich eine ältere teilt. Bei einem 50 Jahre alten Mann haben sich die Vorläuferzellen der Spermien im Durchschnitt schon über 800-mal geteilt. Da bei jeder Teilung das Erbgut im Zellkern verdoppelt wird, schleichen sich leicht Fehler ein. Normalerweise können diese Fehler zwar korrigiert werden, doch je älter die Männer, desto schlechter scheint das Reparatursystem zu funktionieren. Bei einigen Defekten, die zu schweren Erkrankungen der Kinder führen, bilden sich sogar ausgerechnet jene Zellen zu fertigen aktiven Samenzellen aus, die die folgenschwere Mutation in sich tragen.

Die Wissenschaft ist sich heute also sicher, dass der Zahn der Zeit am männlichen Sperma genauso nagt wie an den weiblichen Eizellen. Allerdings hat diese Erkenntnis bislang kaum Folgen für die Praxis. Denn anders als für den Nachweis des Down-Syndroms gibt es für die meisten Krankheiten, die mit dem Alter des Vaters zusammenhängen, noch keine geeigneten Diagnosemethoden.

Da Schwangere außerdem die meisten Embryonen mit schweren Behinderungen schon in der Frühschwangerschaft verlieren, oft bei Abgängen, die sie gar nicht bemerken, kann man nur annehmen, dass der Einfluss des väterlichen Alters noch wesentlich größer ist, als die Zahl der mit Behinderungen geborenen Kinder vermuten lässt.

Während manche Genetiker schätzen, dass ein Viertel aller Fälle von Schizophrenie auf das Alter der Väter zurückzuführen sei, halten andere eine einzelne Genmutation des väterlichen Spermas als Auslöser – etwa auch von Autismus – für nicht ausreichend. Wenn nicht noch schwierige Lebenssituationen und andere Umweltfaktoren hinzukämen, sagen sie, sei das Risiko für die Kinder, tatsächlich zu erkranken, nur äußerst gering.

Manche Genetiker schätzen, dass ein Viertel aller Fälle von Schizophrenie auf das Alter der Väter zurückzuführen ist.

Doch egal, wer was wie einschätzt – es ist wichtig, dass Ärzte Männer darauf hinweisen, dass auch ihr Alter für die Gesundheit ihrer Kinder eine wichtige Rolle spielt. Schon aus Gründen einer gerechteren psychischen Lastenverteilung. Denn bislang lastete die Verantwortung, als »späte Mutter« eine Schwangerschaft zu riskieren und damit letztlich auch die Konsequenzen tragen zu müssen, fast ausschließlich auf den Schultern beziehungsweise dem Bauch der Frauen. Und auch Frauen sollten um die Risiken einer späten Vaterschaft wissen, wenn sie sich mit einem älteren Partner Kinder wünschen.

Nicht zuletzt geben diese biologischen Erkenntnisse den Männern selbst Argumente an die Hand, wenn sie dem Kinderwunsch ihrer jungen Frauen etwas entgegensetzen wollen: Auch Spermien haben ein Verfallsdatum, auch die fruchtbare Zeit des Mannes läuft in der Lebensmitte – eigentlich – ab.

Mit der männlichen Illusion von einer risikofreien und unbegrenzten Zeugungskraft verhält es sich so ähnlich wie mit dem verschleierten Osteoporose-Risiko: Vordergründig mag es dem Ego des Midlife-Mannes guttun, dass seine Gebrechen nicht öffentlich vorgeführt werden. Letztlich verhindert mangelnde Kenntnis der Sachlage aber, dass er sich mit den Realitäten seines Älterwerdens auseinandersetzt.

Mangelnde Kenntnis verhindert, dass der Midlife-Mann sich mit den Realitäten des Älterwerdens auseinandersetzt.

Ein Mann, der die Signale seines Körpers bewusst wahr- und ernst nimmt, könnte aber daran ablesen, dass auch auf ihn in seiner zweiten Lebenshälfte andere Aufgaben warten als die Fortpflanzung.

Für Frauen in den Wechseljahren ist es oft bitter zu erleben, dass die Natur den Männern keine solch unumstößliche biologische Grenze wie die Menopause setzt; vor allem dann, wenn Frauen keine Kinder bekommen konnten. Dann müssen sie dieses Kapitel nun ein für alle Mal für sich abschließen, ja abtrauern, während die Männer sich ihren Kinderwunsch noch spät im Leben mit einer anderen, jüngeren Frau erfüllen können.

Vielen Midlife-Männern fällt es schwer, Grenzen zu akzeptieren und Versäumtes ein für alle Mal zu verabschieden.

Der Gedanke »vielleicht könnte ich ja doch noch …« macht es Midlife-Männern andererseits generell schwerer, Grenzen zu akzeptieren, Wünsche loszulassen, Träume und versäumte Möglichkeiten ein für alle Mal zu verabschieden und vor allem: in der zweiten Halbzeit die Kurve in ein neues Leben mit anderen Prioritäten zu nehmen.

Lasst mich bloß in Ruhe, Mädels!

»Ich will nicht mehr für die ›Biologie‹ zur Verfügung stehen«, sagt Hinrich. »Ich habe mich nach dem vierten Kind sterilisieren lassen. Ich wollte nie wieder in die Situation kommen, dass mich eine Frau mit ihrem Kinderwunsch unter Druck setzt.« Auch Gernot hat auf diese Weise selbst einen Schlussstrich gezogen. Nachdem ihm seine ehemalige Ehefrau ein drittes Kind abgetrotzt hatte, »wollte ich nicht noch einmal in die Falle tappen und habe mich sterilisieren lassen. Meine jetzige Freundin könnte noch Kinder kriegen, hat aber schon zwei, so dass das Thema auch für sie erledigt ist. Und jetzt haben wir auch kein Gedöns mehr mit der Verhütung.«

»Ich wollte nicht noch einmal in die Falle tappen und habe mich sterilisieren lassen.«

Dabei betont Gernot, er bleibe »offen für alles, was das Leben bereithält«. Falls er nochmal auf eine andere Frau träfe, die Kinder wolle, »dann kann man ja adoptieren«.

Armin, 50, dagegen sitzt mit seiner 27 Jahre jüngeren Freundin in der Klemme: »Sie dachte, ihre fehlende Lust könnte mit der Pille zusammenhängen. Also hat sie sie abgesetzt. In dieser Zeit habe ich Kondome benutzt, und dann hatte ich weniger Empfinden, das war auch nicht schön.« Armin hat deshalb erwogen, sich sterilisieren zu lassen, aber seine Freundin sagt, sie will unbedingt noch Kinder von ihm; und dann ist fraglich, ob sich die Sterilisation auch wirklich rückgängig machen lässt. Armin möchte im Prinzip auch nochmal Kinder, aber: »Sie will erst fertig studieren und vor Anfang, Mitte dreißig nicht loslegen. Da bin ich dann schon über sechzig. Ob ich das dann noch kann und will?«

»Ich habe meine reproduktiven Pflichten erfüllt«, sagt Manfred. »Ich will jetzt frei sein. Eine Frau, die noch Kinder möchte, ist für mich ein absolutes No-go. Ich bin heilfroh, dass meine aktuelle Freundin schon keine mehr kriegen kann. Das entspannt die ganze Beziehung und auch unseren Sex!«

Kleine Zwischenbilanz: Die Einwohner des Midlife-Männerlandes können sich die Illusion von der ewigen Jugend länger erhalten als wir Frauen. Es stehen ihnen dadurch mehr Fluchtwege aus dem »Alter« offen. Bei genauerer Betrachtung aber sind das Wege, die sie auf der Lebensbahn eher zurückführen als voran. Fluchtwege, die auch in eine neue Unfreiheit führen können. Zu ihnen gehören übrigens auch die »kleinen« Fluchten beziehungsweise Süchte: Alkohol, Zigaretten, Anerkennungssucht und sexuelle Eskapaden.

Männer können sich die Illusion von der ewigen Jugend länger erhalten als Frauen.

Die Droge Anerkennung

Manche Midlife-Männer überdecken aufkeimende Gefühle von Unzulänglichkeit mit Alkohol und Zigaretten. Oder sie versuchen Überforderungsängste durch einen erhöhten Einsatz im Beruf zu kompensieren. Andere beginnen, exzessiv Sport zu treiben – sehr beliebt sind da Triathlon, Marathon oder doch wenigstens Halbmarathon.

Je weniger sie mit sich selbst im Reinen sind, desto größer wird ihr Hunger nach Bestätigung von außen.

Mit »außen« sind nicht nur ihre Chefs oder ein anonymes Publikum gemeint, sondern vor allem wir, die Frauen. Wie groß und quälend dieser Wunsch nach Anerkennung sein kann, ist für Frauen kaum nachvollziehbar. Als ich die folgenden Zeilen in einem Männermagazin las, wollte ich erst nicht glauben, dass sie ernst gemeint sind:

Der männliche Hunger nach Anerkennung ist für Frauen kaum nachvollziehbar.

Oliver Bloss, Chefredakteur von *Men's Fitness,* schrieb in der Juliausgabe 2011 an seine Leser: »›Wann ist ein Mann ein Mann?‹, sang einst schon der gute Herbert Grönemeyer. Doch genau diese Frage stellen sich viele Männer immer wieder selbst. (…) Was macht einen *richtigen Mann* aus? (…) Klar, es liegt an einem selbst, was man aus sich macht und wie man sich seinen Mitmenschen präsentiert. Sind wir ehrlich, definieren wir Männer uns über die Ansicht und Meinung, die das weibliche Geschlecht über uns hat. Man(n) möchte gefallen.«

Sind die Kerle wirklich so abhängig vom Beifall der Frauen? Müssen wir ihnen dauernd applaudieren, damit sie sich selbst definieren können?

Dazu eine typische Geschichte. Nein, es geht nicht um die klassische Männerfrage nach dem Sex: »Wie war ich?« Die haben sich viele Midlife-Männer zum Gück schon abgewöhnt.

Wenn Männer andere Bedürfnisse ausdrücken als wir, nennen wir das nicht einfach »anders«, sondern »falsch«.

Es ist eine viel harmlosere Story. Sie macht aber im Kleinen klar, wie selbstverständlich und egozentrisch wir Frauen unser eigenes Verhalten »normal«, »richtig« und »besser« finden. Wenn Männer sich anders gebärden, wenn sie andere Bedürfnisse ausdrücken als wir, nennen wir das meist nicht einfach »anders«, sondern halten es für »unnötig«, »übertrieben« oder gar »falsch«.

Beim After-Work-Prosecco in lockerer Freundinnenrunde erzählte also eine Frau, Mitte vierzig, Folgendes unter dem Motto »Typisch Midlife-Mann«. (An den entsprechenden Stellen muss man sich dazu ihr entnervtes Augenrollen vorstellen.)

»Der Franz, ein guter Freund um die fünfzig, hatte schlimme Rückenschmerzen. Er war darüber todunglücklich und ging, natürlich erst als er sich kaum noch bewegen konnte, endlich zum Arzt. Der sagte ihm, er würde im Rollstuhl enden, wenn er nicht sofort loslegt und trainiert. Da hat der Franz notgedrungen ein Rückentraining angefangen. Aber seither ist es furchtbar: Jedes Mal, wenn man ihn jetzt trifft, gibt es kein anderes Thema mehr. Er tut so, als hätte er das Rückentraining erfunden! Er dreht und wendet sich wie ein Bodybuilder, stolziert wie ein Gockel herum. Er findet sich selber unwiderstehlich und schwärmt, dass er sich jedes Mal nach dem Training fühle wie ein junger Gott! Und dann will er unbedingt, dass man ihm sagt, wie toll er das macht. Meine Güte! Wir Frauen machen seit Jahren regelmäßig unsere Gymnastik. Aber wir würden da doch kein Wort drüber verlieren, oder? Und er, der macht ein Riesenthema draus. Die machen sich immer dermaßen wichtig, die Männer, und je älter, umso schlimmer. Versteh ich nicht. Das hätten die doch gar nicht nötig!«

»Die Anerkennung für das, was sie tun, ist für Männer eine existenzielle Notwendigkeit.«

»Doch«, sagt der Fachmann trocken, »sie haben das nötig, vor allem in der Lebensmitte.« Matthias Stiehler (Jahrgang ’60) ist Männerforscher, psychologischer Berater und Buchautor in Dresden. »Männer stellen sich keineswegs blöd an oder benehmen sich affig, wie Frauen das oft einschätzen, sondern: Die Anerkennung für das, was sie tun, ist für Männer eine existenzielle Notwendigkeit.«

Von Anfang an stehe ein Mann mit seiner Sexualität unter Leistungsdruck. Denn ein Mann muss eine Leistung erbringen, um Sex haben zu können: Er muss eine Erektion hinkriegen. »Ich habe in meiner Beratungsstelle mit vielen ganz jungen Männern gesprochen«, sagt Matthias Stiehler. »Die hatten schon vor dem ›ersten Mal‹ große Angst zu versagen. Diesen Druck haben Frauen nicht. Sie müssen ihre Weiblichkeit nicht erst unter Beweis stellen. Insofern basiert die Tendenz, dass ich mich als Mann immer hervortun, dass ich mich beweisen muss, auf meiner männlichen Biologie. Ich muss als Mann zeigen, dass ich jemand bin, dass ich etwas darstelle, weil ich diese Gewissheit nicht selbstverständlich in mir trage. Deshalb schlagen Männer ihr Pfauenrad.«

»Dass sich ein Mann immer hervortun, dass er sich beweisen muss, basiert auf seiner männlichen Biologie.«

Bestätigt ihm die Frau durch ihr Begehren seine (sexuelle) Leistungsfähigkeit, fühlt sich der Mann als Mann anerkannt und in seiner männlichen Identität zumindest vorläufig abgesichert. Entzieht sie ihm ihre Anerkennung, kann es bei ihm so ankommen, als würde er als ganzer Mensch abgelehnt. Manchmal kann er sich geradezu wie ausgelöscht fühlen. »Das bedeutet, die mangelnde Anerkennung oder Abwertung seiner männlichen Leistungsfähigkeit trifft ihn im Kern seines (Mann-)Seins«, sagt Matthias Stiehler. »Das geht wesentlich tiefer als das, was man landläufig ›gekränkte Eitelkeit‹ nennt.«

Es geht wohl auch tiefer, als wir Frauen gemeinhin wahrhaben wollen. Oft ist uns, weil wir anders funktionieren, gar nicht bewusst, wie tief wir unsere Männer kränken (können).

Vor diesem Hintergrund ist auch nachvollziehbar, dass es älter werdenden Männern schwer zu schaffen machen kann, wenn sie von jungen Frauen weniger wahrgenommen werden.

Oft ist uns nicht bewusst, wie tief wir unsere Männer kränken können.

»Ich bin groß und breitschultrig, da haben die Mädels früher schon hingeschaut. Dass sie mich jetzt quasi übersehen, ist bitter und tut weh«, erzählte mir Rolf, 52, Finanzberater und glücklich verheirateter Familienvater.

Kränkend auch, wenn junge Frauen auf ein nur nett gemeintes Flirtangebot geradezu verstört reagieren: »Wenn ich jungen Mädchen nachschaue oder einer jüngeren Frau nur zulächele, hält man mich schon für einen alten Lustmolch oder Schlimmeres«, seufzte ein Verwandter, Geschäftsmann und dreifacher Großvater, bei der Geburtstagsfeier zu seinem Sechzigsten.

Manche Midlife-Männer entwickeln einen regelrechten Selbsthass, wenn ihnen die ersehnte Anerkennung versagt bleibt und sie sich eingestehen müssen, dass sie eben doch keine »jungen Götter« mehr sind. Selbsthass, der sie, wenn auch noch beruflicher Misserfolg oder gar Arbeitslosigkeit dazukommt, in eine Depression und schlimmstenfalls sogar in den Selbstmord treiben kann.

Manche Männer schreiten zu anderen, glücklicherweise weniger schwerwiegenden Verzweiflungstaten. »Ich hasse diese Weichheit! Meinen dicklichen Bauch, die schlaffen Wangen, die dünnen ergrauten Haare«, eröffnete mir Marcel, 43, den ich vor einigen Jahren in einem Café kennengelernt habe. Es ging ihm damals rundum mies: Er musste eine berufliche Schlappe einstecken, kein Kollege, sondern – schlimmer noch – eine Kollegin war ihm vorgezogen worden. Dabei hätte er mit Anfang vierzig in seinem Job unbedingt die nächste Hierarchiestufe erklimmen müssen. Dann trennte sich auch noch seine Freundin von ihm. Und eine sportliche Figur hatte er sowieso noch nie.

Manche Midlife-Männer entwickeln einen regelrechten Selbsthass, wenn sie sich eingestehen müssen, dass sie keine »jungen Götter« mehr sind.

An seinem nächsten Geburtstag traf Marcel eine Entscheidung: Er verlegte das Datum seiner Geburt einfach um vier Jahre nach vorn, war demnach »gerade erst vierzig geworden« und ließ sich die Haare färben.

Er verlegte sein Geburtsdatum einfach um vier Jahre nach vorn und ließ sich die Haare färben.

Ab diesem Zeitpunkt rieb er mir bei jedem Treffen unter die Nase, dass ich meine Haare zu dunkel tönte (das macht alt!) oder dass ich zu weite Hosen trüge (das macht alt!). Er gab mir unmissverständlich zu verstehen, dass er mich zu alt und deshalb nicht mehr attraktiv fand. Er dagegen käme als Mann wesentlich jünger rüber. Und während er sich so ausdrücklich von mir distanzierte, buhlte er um die Aufmerksamkeit jeder jungen Frau, die ihn im Café bediente oder am Nachbartisch mit einer Freundin plauderte.

Im Nachhinein erst wurde mir klar, dass ich mich wohl ein paar Mal zu oft mit dem uncharmanten Marcel getroffen hatte. Ich fand ihn als Forschungsobjekt irgendwie interessant, ärgerte mich über ihn, hegte aber die heimliche Hoffnung, dass ich ihn vielleicht doch noch umerziehen könnte.

Anzeichen des Alterns, die er bei sich selbst ablehnte, fand er auch bei mir und anderen Midlife-Frauen untragbar. Und den Zuspruch, den ihm etwa gleichaltrige, kritische Frauen wie ich, entnervt verweigerten, hoffte er bei den jungen zu finden.

Da aber gerade junge Frauen von sich aus eher weniger nach den älteren Männern gucken, strengen sich Midlife-Männer oft enorm an, um sie zu beeindrucken und ihre Aufmerksamkeit zu erregen. Das sieht nicht immer gut aus. Und wenn wir selbst mit einem solchen Pfau liiert sind, gefällt es uns erst recht nicht.

Midlife-Männer strengen sich oft enorm an, um die Aufmerksamkeit junger Frauen zu erregen. Das sieht nicht immer gut aus.

Damit kommen wir zu einem Thema, das die (Frauen-)Gemüter besonders erhitzt.

Blutjung und knackig frisch

In Brasilien hat sich der Trend zur jungen Zweitfrau bereits durchgesetzt. 64 Prozent der über 50-Jährigen nehmen sich dort, nach der Scheidung von ihrer ungefähr gleich alten Frau, eine um Jahrzehnte jüngere, ergab eine Studie. Und bei den brasilianischen Männern im Alter zwischen 60 und 64 sind es sogar satte 69 Prozent, die dann eine 30-Jährige oder noch Jüngere heiraten.

Auch in Deutschland kennt fast jede Midlife-Frau in ihrem persönlichen Umfeld mindestens einen Midlife-Mann, der sich mit einer deutlich Jüngeren zusammengetan hat – oft nach der Trennung von seiner etwa gleich alten Frau. Und unter prominenten und reichen Männern scheint es bei uns ebenfalls eher die Regel als die Ausnahme zu sein, dass man sich mit jungen Frauen schmückt, die altersmäßig die Tochter und manchmal sogar die Enkelin sein könnten.

Es ist das uralte Tauschgeschäft: materielle Absicherung und sozialer Status gegen jugendliche Vitalität und Schönheit.

Es ist das uralte Tauschgeschäft, das zu allen Zeiten und in unterschiedlichsten Kulturen praktiziert wurde: materielle Absicherung und sozialer Status gegen jugendliche Vitalität und Schönheit. Ob es heute ein Til Schweiger ist, der sich seit Jahren immer wieder mit wechselnden, mindestens 20 Jahre jüngeren Models zeigt, ob die dritte Frau von »Mister Tagesthemen« Ulrich Wickert nun 29 Jahre jünger ist als er, der Schauspieler Claus Theo Gärtner mit einer 36 Jahre Jüngeren verheiratet ist oder Altstar Maximilian Schell mit achtzig sogar eine 48 Jahre jüngere Freundin hat.

Der Geschlechter- und Generationenforscher Gerhard Amendt befürchtet bereits, dass sich die brasilianischen Zustände auch in Deutschland durchsetzen könnten. »Was das für die Generationenbeziehungen mit sich bringt, wenn aus Einzelfällen ein Massenphänomen wird, will keiner bedenken«, schrieb er in einem Beitrag zum Männertag (3. November) des Jahres 2009. »Den Frauen könnte das mit der Menopause die Perspektive ›abgelegte Ehefrau‹ eröffnen. Schwindende Jugendlichkeit hätte Scheidung und Vereinsamung zur Folge. Die Beziehung von Müttern zu ihren Töchtern würde sich letztlich zu einer von verfeindeten Konkurrentinnen verwandeln. Und der Töchtergeneration fiele die Schuld am vergällten Lebensabend der Müttergeneration zu.« Wobei man sich jedoch keine Sorgen machen müsse, dass die jungen Frauen von ihren mächtigen Vater-Männern ausgebeutet würden. »Beide fühlen sich bereichert, und keiner fühlt sich übervorteilt davon«, stellt Amendt fest. »Das Geld der Alten wird gegen schöne junge Körperlichkeit getauscht. Dabei wird in schaudernder Bewunderung trivialisiert, dass er ihr Vater und sie seine Tochter sein könnte. Das Brisante daran erschöpft sich aber nicht im neidgeplagten Bild vom ›Frischfleisch‹ oder ›Jungbrunnen‹. Denn das Begehren der jungen Frauen ist nicht minder riskant. Sie bevorzugen den Genuss, der ohne Arbeit in ihren Schoß fällt und der am Ende ihres arbeitsamen Lebens ihnen nicht einmal gewiss wäre. Sie verabschieden das Leistungsprinzip als Grundlage von Aufstieg.«

»Das Begehren der jungen Frauen ist nicht minder riskant. Sie verabschieden das Leistungsprinzip als Grundlage von Aufstieg.«

Solche Tochter-Frauen bleiben allerdings möglicherweise ihr Leben lang in der verantwortungslosen Rolle des verwöhnten Kindes stecken. Vater-Männer überlassen das Feld nicht den nachwachsenden jungen Männern, sondern schnappen ihnen die gleich alten Frauen weg. Sie konkurrieren also mit der Sohn-Generation, ihre Töchter-Frauen mit der Mutter-Generation. Extreme Spannungen zwischen den Generationen sind da schon vorprogrammiert.

Amendt gibt zudem etwas zu bedenken, das noch viel schwerer wiegt: »Wenn die wechselseitige Vorliebe alter Männer und junger Frauen um sich greifen sollte, so wird nicht nur die tradierte Altersdifferenz zwischen Eheleuten, sondern die zwischen der Generation der Eltern und ihrer Kinder geschliffen. Das Inzesttabu würde einer beschleunigten Erosion ausgesetzt.«

Wesentlich ältere Männer berichten übrigens oft ganz unverhohlen, welchen Nutzen sie aus der Beziehung zu ihren jungen Frauen ziehen. Maximilian Schell etwa verriet an seinem achtzigsten Geburtstag über seine 32-jährige Freundin Iva: »Ich habe noch nie eine Frau erlebt, die sich so um mich kümmert, dass es mir auch gut geht. Das ist sehr schön, weil meistens war es nicht so.«

Der fast 70-jährige Schauspieler Bernd Herzsprung äußerte über die Liebe zu seiner 38-jährigen Lebensgefährtin: »Die innige Vertrautheit ist in den Jahren durch intensives Herantasten so gewachsen, dass ich mit dieser Frau alt werden möchte. Ich weiß, dass diese Frau bei mir ist, wenn irgendwann mal meine Gesundheit wegbricht.« Und TV-Star Claus Theo Gärtner mit 68 über seine Sarah, 32: »Sie ist mein Jugendelixier.«

Schon lange ging man davon aus, dass ein jüngerer Partner, egal ob Mann oder Frau, tatsächlich eine gesundheitsfördernde und damit lebensverlängernde Wirkung auf den älteren ausübt. Sven Drefahl vom Max-Planck-Institut Rostock wollte es genau wissen und führte 2009 eine demographische Studie durch. Dafür überprüfte er die Sterblichkeit von zwei Millionen verheirateten Dänen über fünfzig in den Jahren zwischen 1990 und 2005.

Sein überraschendes Ergebnis: Nur die Männer profitieren von Partnerschaften mit jüngeren Frauen. Schon wenn ihre

Partnerinnen zwischen sieben und neun Jahren jünger sind als sie selbst, haben die Männer ein um elf Prozent geringeres Sterberisiko als Männer mit etwa gleich alten Partnerinnen.

Männer mit deutlich jüngeren Frauen leben länger. Für die jüngeren Frauen hingegen wirkt sich so eine Partnerschaft lebensverkürzend aus.

Für die jüngeren Frauen aber wirkt umgekehrt das Zusammenleben mit älteren Männern lebensverkürzend.

Interessanterweise profitieren Frauen auch nicht von einem jüngeren Partner. Sind sie mit einem sieben bis neun Jahre jüngeren Mann verheiratet, haben sie sogar ein bis zu zwanzig Prozent höheres Sterberisiko als Frauen mit gleich alten Partnern.

Und auch auf die jüngeren Männer wirkt sich diese Konstellation ungünstig aus: Ist ihre Frau fünf bis sieben Jahre älter als sie, erhöht sich ihr Sterberisiko um fünfzehn Prozent.

Fazit: Frauen leben in Partnerschaften mit etwa gleich alten Männern am längsten, Männer in solchen mit deutlich jüngeren Frauen.

Sven Drefahl: »Das große Rätsel am Studienergebnis sind allerdings die Gründe, warum es diese großen Unterschiede zwischen den Geschlechtern gibt.« Darüber wird bislang nur spekuliert. Dass die Lebenserwartung von älteren Männern mit jüngeren Frauen steigt, mag daher rühren, dass die jüngere Partnerin den älteren Mann länger und besser pflegen kann als eine gleich alte Frau. Kann auch sein, dass sie ihm psychische und soziale Vorteile verschafft, die sich positiv auf seine Gesundheit auswirken.

Vielleicht ist es aber auch so, dass Männer mit einer besonders robusten Gesundheit, einer vitalen Ausstrahlung und einem dicken Finanzpolster, die sowieso eine längere Lebenserwartung hätten, mit größerer Wahrscheinlichkeit eine jüngere Partnerin an sich binden können.

Warum Frauen sowohl mit deutlich älteren als auch mit deutlich jüngeren Partnern früher sterben, ist ebenso ungeklärt. Vielleicht sind jüngere Frauen mit der Pflege ihrer älteren Männer, zu der sie sich moralisch verpflichtet fühlen, psychisch und physisch überlastet? Und bei einem jüngeren Partner verkürzt eventuell Dauerstress, der durch den gesellschaftlichen Druck entsteht, das Leben der älteren Frau: Ihre Partnerschaft weicht stark von der sozialen Norm ab, und derartige Verbindungen werden von der Gesellschaft besonders kritisch beäugt. »In solchen Fällen kann für beide, den jüngeren Mann und seine ältere Partnerin, ein erhöhtes Sterberisiko beobachtet werden«, bestätigt Sven Drefahl.

Und übrigens: Der subjektive Eindruck, in den letzten Jahren hätten Partnerschaften mit großem Altersabstand in Deutschland drastisch zugenommen, täuscht. Wir sind von brasilianischen Verhältnissen noch meilenweit entfernt: Der durchschnittliche Altersabstand zwischen Ehepartnern ist bei uns seit fünfzig Jahren unverändert. Die Statistik besagt: Bei einer Heirat, egal in welchem Alter, ist der Bräutigam weiterhin durchschnittlich drei Jahre älter als die Braut (in Dänemark verhält es sich genauso, weshalb die Ergebnisse der Max-Planck-Studie am Beispiel Dänemark auf Deutschland übertragbar sind).

Von brasilianischen Verhältnissen sind wir noch meilenweit entfernt.

Dass unser Alltagserleben und die Statistik merklich auseinanderklaffen, mag damit zusammenhängen, dass über Promi-Partnerschaften mit enormem Altersabstand in den Medien ausführlich und bilderreich berichtet wird. Oder damit, dass die Partner mit großer Altersspreи-

Verheiratete, Männer wie Frauen, leben im Schnitt länger als Unverheiratete.

zung seltener heiraten und deshalb von der Statistik nicht erfasst werden?

Unabhängig von allen anderen erhobenen Daten bleibt es übrigens dabei, dass Verheiratete, Männer wie Frauen, im Schnitt länger leben als Unverheiratete.

Und was sagen die Männer selbst?

Ist dann überhaupt etwas dran an dem Klischee-Klassiker, Midlife-Männer wären praktisch allesamt auf junge Gespielinnen aus? Ich wollte von Männern in der Lebensmitte wissen, welche Anziehungskraft deutlich jüngere Frauen auf sie ausüben.

Die Ergebnisse meiner Befragung sind natürlich alles andere als repräsentativ, aber die Antworten der Männer fächern doch ein breites Meinungsspektrum auf. Und sie zeigen, dass die Einwohner dieses Landes anscheinend besser sind als ihr Ruf – und in jedem Fall interessanter.

»Klar guck ich gern hin, aber ich will mich doch nicht zum Deppen machen!«

Matthias' Frau ließ sich von ihm scheiden, als er Mitte vierzig war. Heute ist er 52 und meint, ihn interessierten junge Frauen nicht. »Klar guck ich gern hin«, sagt er, »aber ich will mich doch nicht zum Deppen machen! Außerdem haben die noch gar nichts erlebt und wollen dann wieder von einem Mann versorgt werden. Das habe ich lange genug gemacht.« Er sei auch heilfroh, dass in der Beziehung der Leistungsdruck beim Sex endlich wegfalle und er heute überhaupt alles entspannter angehen könne. »Über Sex kann man jetzt auch mal lachen, das Ganze hat doch auch lustige Seiten. Humor ist mir sowieso total wichtig. Grade im Älterwerden. Ich will nicht irgendwelche illusionären Erwartungen von jungen Frauen erfüllen. Das interessiert mich nicht.« Matthias ist seit fünf Jahren glücklich mit einer Frau, die sechs Jahre jünger ist als er. »Unser Alter ist bei uns überhaupt kein Thema.«

Hinrich, 56, hat sich mit Ende vierzig von seiner zehn Jahre jüngeren Frau getrennt. Die beiden gemeinsamen Töchter lebten zuerst bei ihrer Mutter, wollten dann aber zu ihm ziehen, so dass er jetzt alleinerziehender Vater ist. Er arbeitet als Heilpädagoge in einer leitenden Position und berichtet, dass er zwar auch in seinem Beruf ständig mit jungen Kolleginnen in Kontakt sei, dass es ihn aber absolut nicht zu ihnen hinziehe, »ganz egal, wie nett und hübsch sie sind, und erst recht nicht, wenn sie etwas von mir wollen. Ich frage mich dann immer: Was wollen die? Ich bin groß, übergewichtig und glatzköpfig. Sie wollen sich anlehnen. Haben mir aber gar nichts zu bieten – außer ihrer Jugend. Sie wollen von mir, von meiner Lebenserfahrung profitieren, mich anzapfen, statt selbst ihre eigenen Erfahrungen zu machen. Sie wollen etwas von meiner inneren Sicherheit abkriegen, und auch von der finanziellen, die ich mir in langwierigen, auch mühsamen Prozessen erworben habe. Das interessiert mich nicht. Ich habe lange genug für meine wesentlich jüngere Exfrau den Programmmacher-Papa gespielt. Sicherlich habe ich sie durch diese Rollenverteilung auch an ihrer eigenen Entwicklung gehindert. Aber als ich mich mit Mitte vierzig in meiner Midlife-Crisis noch mal eklatant weiterentwickelt habe, hat sie nicht mitgezogen. Sie wollte nicht wachsen, sie wollte ›die Kleine‹ bleiben. Dass sie nicht aufholte, hat letztlich zur Trennung geführt. Heute bin ich ›Papa‹ nur noch für meine Töchter.«

»Ich frage mich dann immer: Was wollen die jungen, hübschen Frauen eigentlich von mir?«

Martin ist 47, und seit er über vierzig ist, kann er sich nicht mehr vorstellen, mit einer gleich alten Frau zusammen zu sein. »Für mich kommt ganz klar nur eine junge Frau in Betracht. In eine ältere verliebe ich mich einfach nicht. Graue Haare, Falten, Hängebusen, das finde ich nicht anziehend. Nichts zu machen.« Auf den Einwand, dass er mit seiner Glatze, dem Bauchansatz und den Männerbrüsten auch nicht mehr taufrisch wirkt, antwortet er selbstbewusst: »Junge Frauen sagen mir oft, dass von mir etwas Beruhigendes ausgeht. Ich bin einfühlsam und kann gut zuhören. Ich bin auch groß, und gerade die zierlichen, hübschen jungen Frauen, die mir gefallen, finden mich nicht dick, sondern stattlich.« Und was macht Martin, wenn er sich in eine 30-Jährige verliebt, mit der er zusammenbleiben möchte? Dürfte diese junge Frau dann an seiner Seite älter werden? Das sei ihm erst einmal im Leben passiert, meint Martin. Da hätte er tatsächlich gesagt: »Mit der bleibe ich zusammen, selbst wenn sie Hängebrüste bekommt. Aber sie hat mich verlassen, weil sie Kinder wollte und ich nicht. Es ist echt nicht einfach: Wir Männer wollen immer, dass die Frauen so bleiben, wie sie sind, wenn wir uns in sie verlieben. Und die Frauen wollen immer, dass wir Männer uns ändern.«

»Für mich kommt nur eine junge Frau in Betracht. In eine ältere verliebe ich mich einfach nicht.«

»Ich erinnere mich an den Moment, als ich zum ersten Mal bemerkte, dass meine Frau und ich wegen unseres Altersunterschiedes in verschiedenen Welten lebten«, erzählt Hermann. »Das war ein Schock. Carolin war 38, ich war 50, und wir verbrachten gemeinsame Ferien in Südfrankreich. Eine laue Sommernacht. Der Mond schien auf unsere Terrasse. Carolin sagte verträumt: ›Das Geräusch des Sommers: Herrlich, wie die Grillen zirpen!‹ Ich verstand gar nicht, was sie meinte. Was? Wo? Ich hörte keine Grillen. Carolin dachte erst, ich mache Witze. Aber ich konnte tatsächlich diese extrem hohen Frequenzen nicht mehr hören. Altersbedingte Schwerhörigkeit. Das geht bei manchen sogar schon mit

»Ich habe unseren Altersabstand als gegenseitige Bereicherung empfunden. Carolin vermisste das gemeinsame, gleiche Erleben.«

vierzig los. Aber meine Sommernacht war trotzdem keineswegs still, sondern erfüllt vom sanften Rauschen des Flusses, das aus dem Tal heraufdrang. Diese tieferen Töne konnte ich noch gut hören. Ich sagte zu Carolin: ›Das Geräusch des Sommers – herrlich, wie der Fluss rauscht.‹ ›Was? Wo?‹, sagte Carolin darauf. ›Ich höre kein Flussrauschen, beim besten Willen nicht – die Grillen zirpen viel zu laut.‹

Wir mussten lachen, aber wir erschraken auch. Wir erlebten in dieser Nacht, dicht beisammen, im selben Moment, am selben Ort, nicht dasselbe. Wir konnten uns nicht über dasselbe Erlebnis austauschen. Man kann das als Bereicherung sehen: Jeder teilt dem anderen etwas aus seiner Erfahrungswelt mit. Man kann es aber auch als Mangel, als etwas Trennendes empfinden: Jeder filtert sich nur jene Erfahrung heraus, für die er, seinem Alter entsprechend, zugänglich ist.

Ich habe unseren Altersabstand als gegenseitige Bereicherung empfunden, Carolin dagegen vermisste immer mehr das gemeinsame, gleiche Erleben. Drei Jahre nach dieser Sommernacht in Frankreich hat sie mich verlassen. Sie fand mich zu alt, hat sie gesagt, sie hätte die Verbindung zu mir verloren.«

»Wenn ich an der Münchner Uni vorbeikomme und sehe da die Zwanzig- bis Fünfundzwanzigjährigen, dann interessieren die mich überhaupt nicht«, sagt Hannes, 51. »Die sind in einer so anderen Lebensphase, das ist ganz weit weg. Ihre Welt ist einfach nicht mehr die meine. Klar sehen die hübsch aus, und ich könnte mir ausmalen, wie sie riechen und sich anfühlen. Aber eine junge Frau nur auf ihre optischen sexuellen Reize zu reduzieren und sie in meine Phantasien einbauen, das will ich nicht mehr.

»Die sind in einer so anderen Lebensphase, das ist ganz weit weg.«

Das habe ich früher gemacht, als ich in meiner Ehe unter Sexmangel litt. Eigentlich hätte ich da aber, statt mir im Kopf Bilder mit jungen Frauen auszumalen, lieber mit meiner drei Jahre älteren Frau wirkliche Intimität genossen.

Je mehr ich nach unserer Trennung dann realen Sex haben konnte, umso weniger spielten ganz junge Frauen eine Rolle. Obwohl – die Frauen, mit denen ich in der Zwischenphase zusammen war, waren immerhin doch fünf, sechs Jahre jünger als ich. Meine letzte feste Partnerin war zwei Jahre jünger.

Ich merke, dass es einfach nicht die Jugend oder die straffe Haut ist, die mich anzieht. Ich finde vor allem die Haltung und die Ausstrahlung einer Frau attraktiv: Wenn sie spritzig ist, dynamisch wirkt und sich selbst schön findet, wenn sie sich gern hübsch macht und lebendig ist. Eine lebendige 45- oder 50-Jährige kann wesentlich jugendlicher und attraktiver wirken als eine lahme 30-Jährige.«

Armin, 49, hat sich dagegen Hals über Kopf in eine fast 30 Jahre jüngere Studentin verliebt – und sie sich in ihn. Seit drei Jahren sind sie inzwischen zusammen, und er empfindet es noch immer als ganz großes Glück. »Ich habe meinen Therapeuten gefragt, ob vielleicht irgendetwas mit mir nicht stimmt, dass ich mit einer so viel jüngeren Frau was angefangen habe, aber er meinte, das sei normal, ich könne ganz beruhigt sein. Es sei nun mal so, dass junge Frauen einfach attraktiver sind als ältere, und dass sie für Männer attraktiver bleiben, auch wenn die Männer selbst älter und älter werden. Die biologische Anziehung bleibt.

»Es ist nun mal so, dass junge Frauen einfach attraktiver sind als ältere.«

Für mich ist es auch wunderbar, dass sie keinerlei materielle Ansprüche stellt. Sie kriegt Bafög. Ich führe als Künstler ein unkonventionelles Leben, und das passt mit ihrem Studentendasein gut zusammen.

Im Moment stimmt es mich etwas bedenklich, dass sie mich nun schon seit über einem Jahr kaum mehr begehrt. Sie lässt mich eigentlich gar nicht mehr richtig an sich ran. Ein Mann will natürlich nicht dauernd einen Korb bekommen, weshalb ich froh bin, dass sich meine Erotik insofern verändert hat, als mir Zärtlichkeit wichtiger geworden ist. Dass ich nicht immer zum Zug kommen muss. Meine junge Freundin genießt es, dass ich sie nicht dauernd stürmisch bedränge, wie sie das bei jüngeren Männern erlebt hat.

In ihre Welt bezieht sie mich ein, und ich bin da auch zu Hause. Als Künstler fühle ich mich der Jugendkultur sowieso nah. Ich habe schon immer am Puls der Zeit gelebt und bin interessiert an aktuellen Strömungen. Ich bin deshalb oft mit ihr und ihren Freundinnen und Freunden unterwegs und glaube, dass ich da nicht unangenehm auffalle. Ich wirke auch wesentlich jünger, als ich bin.

Umgekehrt kommt aber meine Freundin nie mit mir in meine Szene. Ich bin seit zwanzig Jahren regelmäßig beim Salsatanzen. Salsa ist an kein Alter gebunden, das geht von achtzehn bis achtzig. Aber meine Freundin war nur einmal dabei und will das nie wieder erleben: Sie will mich einfach nicht mit Frauen meiner Generation tanzen sehen. Ich glaube, sie will nicht sehen, wie sie selbst in dreißig Jahren sein wird. Sie behauptet, sie will mich nicht unter den Alten sehen, weil ihr dann bewusst würde, wie alt ich schon bin.«

»Also ich bin jetzt fünfzig und seit 23 Jahren gut verheiratet – aber was heißt schon gut? – mit allen Höhen und Tiefen und den Flauten dazwischen«, erzählt Arne. »Aber ich bin mir einfach sicher, und Freunde, die es ausprobiert haben, bestätigen mir das: Guten Sex kriegt man nicht von einer Frau unter 30. Meine Frau ist jetzt 48, und ein weiterer Leitsatz von mir ist: Eine langjährige Beziehung ist zwar kein Garant, aber sie ist die Voraussetzung für guten Sex. Denn für richtig guten

»Mit zunehmendem Alter wird es immer besser.«

Sex brauchst du Intimität. Da musst du dich fallen lassen können, musst dich trauen, dich zuzumuten und musst auch deiner Partnerin und ihren Wünschen und Abgründen ins Auge blicken können.

Um dich was zu trauen, brauchst du Vertrauen. Richtig guter Sex ist nichts für Feiglinge, und vor allem kriegst du das einfach nicht in One-Night-Stands oder in wechselnden Beziehungen. Und schon gar nicht mit wesentlich jüngeren Frauen.«

»Ab in die Südsee!«

Auch wenn die Eingeborenen im Midlife-Männer-Land sehr viel seltener auf Frischfleisch aus sind als ihre Frauen befürchten – im Beruf steht ihnen fast immer der Sinn nach frischem Wind. Manche würden am liebsten alles hinschmeißen, endlich die ausgetretenen Pfade verlassen, abhauen und – Weinbauer in der Toskana werden. Oder Maler auf einer griechischen Insel … Fernsehmoderator oder …

Werner Middendorf ist seit 30 Jahren Facharzt für Psychotherapie mit eigener Praxis in Berlin. Als Coach auf dem Gebiet Beruf und berufliche Identität wird er vor allem von Männern zwischen 45 und 55 in Anspruch genommen.

»Männer beziehen ihren Selbstwert hauptsächlich aus dem, was sie leisten.«

»Männer beziehen ihren Selbstwert hauptsächlich aus dem, was sie leisten. Aus ihren Handlungen und beruflichen Erfolgen, aus ihren ›Heldentaten‹. Aus ihrer Potenz im umfassenden Sinn«, erklärt er. Frauen hingegen wären sich, vor allem, wenn sie Kinder großgezogen haben, meistens ihrer weiblichen Identität und ihres Selbstwertes gewiss. »Frauen wollen für ihr Selbst, für ihr Sein – und für ihre körperliche Attraktivität – anerkannt werden, sind aber im Allgemeinen durch einen Karriereknick weniger leicht zu treffen als Männer.«

Die Männer, die in Middendorfs Praxis kommen, suchen Neuorientierung im Beruf, weil sie sich im Job festgefahren und frustriert fühlen. »Sie befinden sich in einem depressiven Zustand, ausgelöst durch sogenannte Ambivalenzkonflikte: Ich muss dies oder jenes tun, aber eigentlich will ich das schon längst nicht mehr.« Sie sind ausgelaugt, unzufrieden, antriebs- und oft auch lustlos. »Diese Männer stellen sich selbst in Frage, ihr Selbstwertgefühl ist im Keller. Da ist es absolut zerstörerisch, wenn ihre Frauen noch eins draufsetzen, an ihnen herumkritisieren oder Druck machen, indem sie noch mehr Leistung einfordern. Oder wenn sie verlangen, dass die Männer ganz genau so weitermachen wie bisher.«

Diese Männer stellen sich selbst in Frage. Es ist absolut zerstörerisch, wenn ihre Frauen da noch eins draufsetzen.

Mit Forderungen und Vorwürfen wird eine Frau nichts erreichen, meint der Therapeut. Sie könne ihren Mann und damit auch ihr gemeinsames Leben nur unterstützen, indem sie ihn auf seine Stärken hinweist. Statt auf seine Mängel. Schließlich kennt sie ihn wie kaum ein anderer Mensch und sollte ihre Menschenkenntnis und Einfühlungsgabe nicht gegen, sondern für ihn einsetzen. »Sie könnte ihm beispielsweise sagen: ›Das und das kannst du doch so gut‹ oder ›Ich erinnere mich genau, das liegt dir, so etwas hast du schon einmal super hingekriegt‹.«

Wohlwollend sollte sie sein, aber ohne Lobhudelei. »Es wäre falsch zu versuchen, dem Mann ein Selbstbewusstsein einzuflößen, das ihm gerade fehlt. Das funktioniert nicht.« Es würde ihn höchstens abhängig von der »Droge« Lob machen und seine Illusionen nähren.

Eine Frau kann ihrem Mann aber bei der realistischen Einschätzung seiner Möglichkeiten helfen und sich für kreative und gemeinschaftliche Lösungen offen zeigen.

»Männer in dieser Lebenssituation wollen am liebsten sofort ausbrechen«, sagt Middendorf. »Sie wollen oft etwas ganz Neues anfangen, sind da häufig richtige Traumtänzer. Ich bremse ihre überzogenen Hoffnungen meistens schnell ab, denn ein totaler beruflicher Neubeginn gelingt nur selten. Dafür ist unser Arbeitsmarkt viel zu eng und zu unflexibel. »

»Männer wollen in der Lebensmitte oft etwas ganz Neues anfangen, sind oft richtige Traumtänzer.«

Nur ein Superreicher könne es sich leisten, auszusteigen und sich auf seinen Weinberg in der Toskana zurückzuziehen, ohne sozial abzustürzen, sagt der Coach. »In meiner Beratungspraxis geht es deshalb darum, verantwortungsvoll zu bleiben, zugleich aber präzise herauszuarbeiten: Wo kann ich hier etwas anstückeln, das zu mir passt, wo kann ich dort etwas weglassen in meinem Job? Kann ich die Abteilung wechseln, ein neues Aufgabengebiet übernehmen, oder gehe ich eventuell im selben Beruf noch einmal zu einer anderen Firma?«

Wenn ein Mann für sich eine Aufgabe entdeckt, in der er wieder Befriedigung findet, mit der er sich gut und wertvoll fühlt, dann muss er nicht auswandern. Dann hat er hier und jetzt wieder einen besseren Stand, auch gegenüber seiner Frau – und manchmal sogar im Bett.

Kapitel 6

Archäologische Funde: Warum »Homo sapiens« überhaupt so lange lebt

Auf der Suche nach dem Sinn, und was Frauen lieber bleiben lassen sollten

Steinzeit-Oma, Steinzeit-Opa und die Folgen

Welchen evolutionären Sinn hat das Alter?

Warum gibt es ältere Menschen? Wie kommen wir eigentlich dazu, noch lange weiterzuleben, obwohl doch die Sexualhormone ab der Lebensmitte schwinden und wir danach entweder ganz oder teilweise unfruchtbar sind? Welchen Sinn hat das Alter überhaupt?

Diese Frage beschäftigt Forscher schon lange. Denn wenn es ein höheres Alter gibt, in dem die Menschen ihre Gene gar nicht mehr weiterreichen können, dann muss sich das im Laufe der Evolution als Vorteil für die Entwicklung der Menschheit herausgestellt haben. Es muss sich als sinnvoll erwiesen haben, dass es in den Sippen unserer Vorfahren Ältere gab, die keine Kinder mehr bekamen.

Auf unserer Forschungsreise im Midlife-Männer-Land besichtigen wir jetzt quasi das »Museum für Ur- und Frühgeschichte«. Und stoßen in den ersten Räumen – mal wieder – zuerst auf Funde zu älteren Frauen. Aber das hat seine Richtigkeit. Denn ohne ältere Frauen gäbe es auch keine älteren

Männer – doch der Reihe nach: Dass Menschen ihre reproduktive Phase so lange überleben, ist in der Tat verwunderlich. Alle anderen Säugetiere (außer Kurzflossen-Grindwalen und Afrikanischen Elefanten) sterben nämlich, kurz nachdem ihre Fortpflanzungsfähigkeit geendet hat. Auch bei unseren nächsten Verwandten, den Schimpansen, ist das so. Zwar nimmt bei Schimpansendamen mit steigendem Alter ebenfalls die Wahrscheinlichkeit ab, dass sie schwanger werden, aber ein spätes Baby kurz vor dem Lebensende (die Tiere werden etwa vierzig Jahre alt) ist keineswegs ungewöhnlich und schon gar nicht unmöglich.

Allein beim Menschen quittiert das weibliche Fortpflanzungssystem bereits komplett seinen Dienst, wenn der ganze Rest noch so gut in Schuss ist, dass wir locker zwanzig, dreißig, ja vierzig Jahre lang weitermachen können. Diese Überlegungen führten zur sogenannten »Großmutter-Hypothese«.

Nun weiß jede Mutter, deren Mutter für ihre Enkelkinder da ist, was sie selbst, ihr Mann und ihre Kinder, davon haben. Und jede Großmutter, die sich um ihre Enkel kümmert, weiß sehr genau, wofür sie gut ist. Eigentlich braucht es also keine wissenschaftliche Theorie, um den »Nutzwert« älterer, bereits unfruchtbarer Frauen zu untermauern. Aber es ist doch immer wieder schön, wenn gefühlte Wahrheiten sich wissenschaftlich bestätigen – und vor allem, wenn sie sich aus der Urzeit des Menschseins herleiten lassen.

Die Mithilfe älterer Frauen trägt ganz entscheidend zum Überleben der Enkelkinder bei.

Um Hinweise auf die Frühzeit des Menschen zu erhalten, untersuchten Anthropologen also in noch traditionell lebenden Stammeskulturen das Verhalten der älteren Generation. Und konnten nachweisen, dass dort die Mithilfe älterer Frauen beim Aufziehen des Nachwuchses ganz entscheidend zum Überleben der Enkelkinder beiträgt.

Andere Forscher, wie der Evolutionsbiologe Jan Beise vom Max-Planck-Institut für demographische Forschung und der Soziobiologe und Professor der Biophilosophie an der Universität Gießen, Eckart Voland, durchforsteten Kirchenbücher und Steuerlisten aus dem 18. und 19. Jahrhundert nach Hinweisen auf die Bedeutung von Großmüttern. Ihre Auswertungen zeigten, dass ältere Frauen, die keine eigenen Kinder mehr bekamen und ihre Töchter bei der Pflege und Ernährung der Enkel unterstützten, eindeutig dafür sorgten, dass mehr Enkel überlebten und dass ihre Töchter zudem mehr Kinder in die Welt setzten als andere junge Frauen ohne eine solche Hilfe.

Eine Win-win-Situation also, ein erfolgreiches Geben und Nehmen, das sich wahrscheinlich schon in der Frühzeit des Menschen durchgesetzt hat: Die Großmutter macht sich durch ihren Einsatz für die Familien ihrer Töchter unentbehrlich. Damit sorgt sie zugleich für sich, sichert und verlängert ihr eigenes Leben und kann ihre Gene, darunter auch jene, die für die Langlebigkeit verantwortlich sind, indirekt über zahlreiche Enkel weiterverbreiten, so dass es nach und nach immer mehr langlebige Menschen gibt.

Unsere Langlebigkeit verdanken wir, Männer wie Frauen, den prähistorischen Großmüttern.

Der evolutionäre Vorteil der Menopause ist also evident: Die ältere Frau muss nicht mehr selbst die körperlichen Strapazen von Schwangerschaft und Geburt auf sich nehmen, kann aber durch ihr langes Leben ihre Tochter als Großmutter unterstützen, die deshalb mehr Kinder großzieht, die wiederum besser ernährt und versorgt werden, bessere Überlebenschancen haben und ihrerseits wieder mehr Kinder bekommen können. Unsere Langlebigkeit verdanken wir alle also den prähistorischen Großmüttern.

In neueren Studien interessierten sich die Evolutionsbiologen und Anthropologen irgendwann auch für die älteren Männer in der Steinzeit. Und zwar nicht mehr nur in der Rolle der ewigen Erzeuger, sondern in der zweiten Reihe, als Großväter, die sich nicht mehr fortpflanzen.

Anhand von Dokumenten ließ sich zwar kein eindeutig positiver Einfluss der Opas auf das Überleben ihrer Enkelkinder belegen, aber bei Naturvölkern stieß man immer wieder auf Hinweise, dass auch die alten Männer wichtige Funktionen wahrnehmen. Und neueste Studien haben schließlich gezeigt, dass prähistorische ältere Männer und Frauen jenseits der Fortpflanzungsphase gemeinsam dafür verantwortlich waren, dass sich der Homo sapiens überhaupt so weit entwickeln konnte, dass er andere Frühmenschen verdrängte und zum erfolgreichsten Menschenaffen der Welt aufstieg.

Vor etwa 30 000 Jahren wuchs die Anzahl unserer Vorfahren, die älter als dreißig wurden und damit das damalige Großeltern-Alter erreichten, mit einem Mal dramatisch an. Rachel Caspari, Professorin für Anthropologie an der Central Michigan University hat das gemeinsam mit Sang-Hee Lee von der University of California herausgefunden, indem sie fossile, also versteinerte Zähne aus verschiedenen Epochen der Menschheitsgeschichte analysierte. An den Zähnen dieser frühen menschlichen Wesen konnten die Forscherinnen ablesen, in welchem Alter sie gestorben waren: »Der Anteil der Alten ist beim Homo sapiens der Steinzeit mehr als viermal so hoch wie bei dessen Vorfahren«, sagt Rachel Caspari.

Vor 30 000 Jahren war die ältere Generation dafür verantwortlich, dass der Homo sapiens zum erfolgreichsten Menschenaffen der Welt aufstieg.

Fast gleichzeitig gab es einen enormen Entwicklungsschub für die Intelligenz und die Kreativität unserer Ahnen, der sich an den steinzeitlichen Funden ablesen lässt: In Europa entstanden die ersten Meisterwerke der Kunst, Höhlenmalereien,

Skulpturen, Musikinstrumente. Neue Verfahren zur Nahrungsgewinnung wurden entwickelt, und die ersten komplexen Werkzeuge und Waffen konstruiert.

Rachel Caspari sieht zwischen beiden Phänomenen einen direkten Zusammenhang, den sie 2011 im *Scientific American* darlegte: Die prähistorischen Senioren waren demnach die treibende Kraft, die die explosionsartige kulturelle Entfaltung des modernen Menschen vor 30 000 Jahren erst ermöglichte.

Durch die Großeltern wurde der Homo sapiens in die Lage versetzt, andere archaische Populationen wie etwa die Neandertaler aus dem Feld zu schlagen und sich zur erfolg- und zahlreichsten menschlichen Spezies auf Erden zu mausern. »Ein höheres Lebensalter zu erreichen hatte grundlegende Auswirkungen auf die Größe einer Population, auf die sozialen Interaktionen und die Genetik dieser frühen Gruppen moderner Menschen«, sagt die Anthropologin.

»Ein höheres Lebensalter zu erreichen hatte grundlegende Auswirkungen auf die Größe einer Population, auf die sozialen Interaktionen und die Genetik.«

Das Drei-Generationen-Modell

Die Großväter spielten dabei wohl eine ebenso entscheidende Rolle wie die Großmütter. Wer nämlich länger lebt, kann einen größeren Erfahrungs- und Wissensschatz ansammeln, den er dann an seine Kinder und Kindeskinder weiterreicht. Das betrifft Kenntnisse über Gift- und Heilpflanzen oder Wasservorkommen ebenso wie Techniken zur Herstellung von Jagdgerät und Werkzeug.

Außerdem geht ein älterer Mensch mit seinen Enkelkindern anders um als mit seinen Kindern, und auch den Enkelkindern bedeuten Großmutter und Großvater etwas anderes als ihre

Eltern. Durch die Gegenwart alter Menschen werden die verwandtschaftlichen Beziehungen also vielfältiger, was zu einem größeren Reichtum an Ausdrucksformen, Verhaltensweisen und daraus abgeleiteten Umgangsformen und Ritualen führt.

Man kann zu dem Schluss kommen, dass erst das Alter den Menschen überhaupt zum Menschen gemacht hat. Erst die gemeinsame Fürsorge – Ernährung, Pflege, Erziehung und Bildung im weitesten Sinne – durch Mütter, Väter, Großmütter, Großväter und die ganze Sippe, machten die langsame, vielfältige und die Intelligenz fördernde Entwicklung der Menschenkinder möglich.

Tierfamilien bestehen aus nur zwei Generationen: Eltern und Kindern. Die Fürsorge und das »Vorausdenken« bleiben auf die nächste Generation, sozusagen auf »das Morgen«, beschränkt, Erinnerung und Erfahrung reichen nur auf die Elterngeneration, auf »das Gestern«, zurück.

Gibt es aber drei Generationen, die miteinander leben, wird die Perspektive in beide Richtungen geweitet: der Horizont dehnt sich nun mindestens zwischen »Übermorgen« und »Vorgestern«. Dadurch hat der Homo sapiens gelernt, die unterschiedlichen Belange anderer Menschen wesentlich differenzierter und weiter reichend mit zu bedenken und vorauszusehen als jeder andere Menschenaffe.

Gibt es drei Generationen, die zur gleichen Zeit am Leben sind, weitet sich der geistige Horizont.

»Es hat eine Menge Spekulationen darüber gegeben, was dem modernen Menschen, Homo sapiens, seinen Evolutionsvorteil bot«, erläutert Rachel Caspari. »Diese Ergebnisse liefern eine einfache Erklärung, für die es jetzt konkrete Belege gibt: Moderne Menschen waren einfach älter und weiser.«

Ein guter Satz auch für uns heute, in einer Gesellschaft, in der immer mehr ältere und alte Menschen leben: Wir verdanken nicht nur unser Sein, sondern auch unser hochentwickeltes So-Sein den (steinzeitlichen) Großeltern. Die Anwesenheit der älteren Generation hat die Kooperationsfähigkeit des Menschen ebenso verbessert wie seine Empathie – die Gabe, Mitgefühl zu empfinden. Menschen wurden deshalb auch wesentlich kontaktfreudiger als andere Primaten, und sie verfeinerten ihre sozialen Fähigkeiten, die ihnen wiederum das Überleben innerhalb ihrer Gruppen sicherten. Der Homo sapiens wurde bindungsfähiger und lernte, Verantwortung über größere Zeiträume und für größere Zusammenhänge zu übernehmen – nicht mehr nur für sich und die eigene Brut.

Wahrscheinlich verdanken wir den Großeltern vor 30 000 Jahren sogar unsere Liebesfähigkeit.

Und wahrscheinlich verdanken wir unseren langlebigen Vorfahren auch die Entwicklung einer Liebesfähigkeit, die es uns möglich macht, jenseits der fruchtbaren Jahre als Mann und Frau miteinander verbunden zu bleiben.

Aus der evolutionären Bedeutung der älteren Generation für die Entwicklung und den Fortbestand der Menschheit lassen sich auch für die Gegenwart noch Sinn und Aufgabe der Älteren ableiten: Entlastung der jungen Eltern, Förderung, Beratung und Unterstützung der Jugend. Für viele kann das auch heißen: jenseits familiärer Bindungen für unser Gemeinwesen Verantwortung übernehmen.

Wer weiß, vielleicht führt auch bei uns die Fürsorge von Großeltern – und seien es Leih-Omas und -Opas – da-zu, dass wieder mehr Kinder geboren werden? Vielleicht können die Großeltern von morgen, also die Midlife-Männer und -Frauen von heute, den Problemen unserer überalterten Gesellschaft selbst entgegenwirken, indem sie die Jungen unterstützen?

Während Frauen sich solche Aufgaben meistens schon früh im Leben vorstellen können, häufiger auch »fürsorgliche« Berufe gewählt haben, wachsen die Bereitschaft und der Wunsch, für andere da zu sein, bei Männern oft erst heran, wenn sie im Midlife-Männer-Land angekommen sind.

Jetzt können Männer ihr Rollen-Repertoire noch einmal ganz beträchtlich erweitern: um die bedeutende Rolle des reifen, warmherzigen und fürsorglichen Mannes nämlich, der sich aus der Konkurrenz mit den Jüngeren herauslöst, einen Schritt zurücktritt und ihnen stattdessen mit Rat und Tat, großzügig und großmütig zur Seite steht.

Jetzt können Männer ihr Rollen-Repertoire noch einmal beträchtlich erweitern.

Dazu passen die Erkenntnisse, die der Neurowissenschaftler Robert W. Levenson von der University of California in Berkeley gewonnen hat, als er in einem Langzeitprojekt untersuchte, wie sich unser Gefühlsleben mit dem Älterwerden verändert: Erst in höherem Alter steht dem Menschen in vollem Umfang die Fähigkeit zur Verfügung, sich in andere einzufühlen, unglücklichen Situationen mit einer positiven, lebensbejahenden Haltung zu begegnen und sich um andere wirklich zu kümmern. Die höchsten Werte für emotionale Intelligenz und Empathie erreichten Levensons Versuchspersonen sogar erst jenseits der sechzig.

»Zunehmend scheint sich der Sinn des Lebens um soziale Beziehungen zu drehen und darum, für andere zu sorgen und sich selbst von anderen umsorgen zu lassen«, sagt der Wissenschaftler. »Die Evolution scheint unser Nervensystem optimal für diese zwischenmenschlichen und mitfühlenden Aktivitäten im Älterwerden eingerichtet zu haben.«

Die höchsten Werte für emotionale Intelligenz erreichen Menschen erst jenseits der sechzig.

Väter, Söhne, Konkurrenten

Ich erinnere mich gut, wie mein Vater, ein ausgezeichneter Schwimmer, im Sommer 1968 mit meinem Bruder im Freibad das alljährliche Wettschwimmen veranstaltete: 50 Meter Kraulen.

Mein Vater war 49, mein Bruder 15. Und beide waren fassungslos, als mein Bruder als Erster anschlug. Zum ersten Mal hatte er den Vater besiegt. Der eine erschrak darüber, dass seine Kraft offenbar nachließ, der andere darüber, wie unerwartet stark er schon war. In einem Augenblick hatte sich das Kräfteverhältnis verschoben. Dann umarmten sich die beiden heftig. Ob die Tropfen im Gesicht meines Vaters nur Schwimmbadwasser waren, kann ich bis heute nicht sagen.

Zur Lebensmitte der Männer gehört dieser Moment, in dem ihre heranwachsenden Söhne sie erstmals überrunden. Gerhard, 51, hat mir von dem seltsamen Stich erzählt, den es ihm versetzte, als sein sechzehnjähriger Sohn ihm auf dem Mountainbike einfach davonfuhr. Entspannt strahlend erwartete ihn der Junge am Ziel, Gerhard erreichte ihn schweißgebadet und völlig außer Atem.

Zur Lebensmitte der Männer gehört auch dieser Moment, in dem ihre heranwachsenden Söhne ihnen den Rang ablaufen.

Und Joachim, 49, sagte, dass er es doch als ein wenig demütigend empfunden hat, wie ihn sein neunzehnjähriger Sohn Jan einfach in den Schwitzkasten nahm, kaum dass sie nach längerer Pause mal wieder – wie früher – einen kleinen Ringkampf veranstaltet hatten. Er hing da, »wie in einer Schraubzwinge festgeklammert«, und konnte sich beim besten Willen nicht aus den starken Armen seines Sohnes befreien. »Ich fühlte mich plötzlich so alt«, sagte er.

»Als mein Sohn mich in den Schwitzkasten nahm, fühlte ich mich plötzlich so alt.«

Solch ein Erlebnis muss ein Vater erst einmal wegstecken. Aber meistens machen Schock, Kränkung und Demütigung schnell einer gewissen Bewunderung Platz. Und nicht zu vergessen der Stolz: für diesen starken jungen Kerl irgendwie mit verantwortlich zu sein. Das versicherten mir jedenfalls die Midlife-Väter, mit denen ich gesprochen habe.

Der Sohn ist nun aufgerückt. Eine Erfahrung, die die Beziehungsqualität verändert. Ein Vater kann sich seinem fast erwachsenen Sohn noch einmal auf einer neuen Ebene zuwenden, sich mit ihm verbünden, bevor der Junge seiner eigenen Wege geht. Er kann mit ihm an einem gemeinsamen Projekt arbeiten (einen Schuppen oder ein Kajak bauen), zusammen eine Trekkingtour unternehmen und sich beiläufig für seine Ideen und Gedanken interessieren. Bewährt haben sich da exklusive Vater-Sohn-Zeiten, in denen der Rest der Familie keinen Zutritt hat.

Hat ein Mann keine Söhne oder kommt er mit ihnen nicht klar, kann er sich auch im Fußballverein, Motorradclub, bei der freiwilligen Feuerwehr oder in der Kirchengemeinde für die Jugend engagieren.

Mentoring statt Ego-Trip

Vor allem im Beruf wirkt der Austausch mit jüngeren Kollegen auf Midlife-Männer motivierend, geradezu verjüngend. Und er ist oft befriedigender als eine Beförderung oder gar ein frühzeitiger Ausstieg aus dem Berufsleben.

Nicht umsonst richten kluge Firmenchefs in immer mehr Unternehmen Berater- und Mentoren-Positionen für Mitarbeiter ein, die ihr Fachwissen an weniger Erfahrene weitergeben wollen. Beim sogenannten Mentoring unterstützt der Mentor seinen schutzbefohlenen »Mentee« in dessen beruflicher, aber auch persönlicher Entwicklung.

Der älter werdende Mann kann sich hier, vielleicht zum ersten Mal, ganz einbringen. Seine fachliche ebenso wie seine menschliche Kompetenz einsetzen und trainieren. Für das Unternehmen gewinnt er an Bedeutung, weil er hilft, neue, geeignete Fachkräfte heranzuziehen. Von dem Jüngeren erhält der Ältere frische Impulse sowie Einblick in die Erwartungen, Perspektiven und Lebensgestaltung der nachrückenden Generation. Und der Kontakt mit dem Jüngeren regt sicher auch dazu an, die eigenen Einstellungen zum Beruf und darüber hinaus zu überdenken. Solch ein Austausch weckt die Neugier, hält flexibel und kann bei Midlife-Männern eine ungeahnte, vielleicht schon länger vermisste Begeisterung für ihren Beruf entfachen.

In Mentoring-Programmen kann sich der älter werdende Mann auch menschlich einbringen.

Gerade im Hinblick darauf, dass Arbeitnehmer in Zukunft länger arbeiten werden, sollten Mitarbeiter auf allen Ebenen eines Unternehmens in ihren mittleren Jahren Fortbildungen machen und spätestens ab fünfzig beratende Aufgaben übernehmen können. Denn: Jeder Mensch braucht sein tägliches Quantum an Bedeutung für andere. Das gilt besonders für Midlife-Männer, die ihre Bedeutung bislang weniger aus Beziehungen als aus ihrem Status, ihrem Prestige und ihrer Finanzkraft gezogen haben.

Jeder Mensch braucht sein tägliches Quantum an Bedeutung für andere.

Manchen Midlife-Männern fällt es allerdings – trotz altersbedingt höherer Empathiefähigkeit – schwer, ihre Konkurrenzgefühle gegenüber jüngeren Kollegen in den Griff zu kriegen und in ein selbstloseres Verhalten umzuwandeln. Walther ist so ein

Beispiel, bei dem es dann aber, zu seiner eigenen Verwunderung, doch geklappt hat.

Walther hat keine Familie und hat in seinem Leben immer selbst die erste Geige gespielt. Im wörtlichen Sinn. Walther ist erster Geiger in einem Sinfonieorchester, und als Konzertmeister mit Solisten-Aufgaben gibt er den Ton an. Nebenher leitet er ein Streichquartett, für das er die gesamte Organisation, von der Finanzierung über das Programm bis zum Marketing verantwortet. Ein begabter und ehrgeiziger Mann also, der sich vor allem selbst als Künstler profilieren und »die Nummer eins« bleiben will, weshalb er sich bis zu seinem 45. Lebensjahr standhaft weigerte, jüngere Kollegen auch nur zu unterrichten: »Ich züchte mir doch nicht die eigene Konkurrenz an den Hals!«

Wer gewohnt ist, immer die erste Geige zu spielen, dem fällt es schwer, Konkurrenzgefühle gegenüber Jüngeren in den Griff zu kriegen.

Auch als Assistenten holte er sich nach Möglichkeit immer nur junge Frauen ins Büro, die ihn anhimmelten. »Zwischen Männern gibt es immer diese Rangelei …«

Bis er dann doch einmal einen Musikstudenten engagierte, der ihm ein halbes Jahr lang die Pressearbeit machte. Da Walther ihn seinerzeit nicht mit Geld honorieren konnte, bot er ihm als Gegenleistung für seine Dienste ein Coaching an: Unterstützung bei der Vorbereitung für den Master-Abschluss im Fach Violine.

Die künstlerische Zusammenarbeit und der persönliche Austausch mit dem begabten jungen Mann wurden für Walther zu einer unerwartet beglückenden Erfahrung. Er erlebte, wie viel er auch als Mensch und Pädagoge zu geben hat, und was er bei einem anderen Gutes bewirken kann.

Als der junge Geiger die Prüfung dann auch noch mit der Bestnote abschloss, war Walther tief befriedigt und zum ersten

Mal stolz auf den Erfolg eines anderen Mannes. Und zugleich natürlich darauf, dass er seinen Teil dazu beitragen konnte.

Dieses Erlebnis hat ihn so begeistert, dass Walther bald danach ehrenamtlich eine Vortragsreihe für Musikstudenten anleierte – mit anschließenden Diskussionen und persönlichem Erfahrungsaustausch, woraus sich immer wieder einmal Coachings für junge musikalische Talente ergaben.

Männerfreundschaften? Fehlanzeige!

»Einen einzigen Freund habe ich und den noch gar nicht lang«, sagt Martin, 50 Jahre alt, zu dem Thema. »Jahrzehntelang war ich nur mit Frauen befreundet. Das fiel mir leichter. Aber vor ein paar Jahren lag ich nächtelang wach und hab mich innerlich abgearbeitet, weil ich fürchterlichen Beziehungsstress mit einem Jugendfreund hatte, der sich nicht mehr mit mir treffen wollte oder einfach desinteressiert war. Ich wusste nicht, warum das so war, was ich tun sollte. Ich weiß bis heute nicht, wie ich mit anderen Männern umgehen soll.

Viele Männer wissen einfach nicht, wie sie mit anderen Männern umgehen sollen.

Ich glaube, viele Männer wissen einfach nicht, wie das geht. Für mich gab's auch keine Vorbilder. Denn so wie unsere Väter, die Kriegsgeneration, Kameradschaft gepflegt haben, mit diesen soldatischen Tugenden und so, das war ja nicht mehr akzeptabel. Aber wie dann?«

Die wenigsten Männer, die ich nach ihren Freunden fragte, hatten überhaupt welche. Und der Berliner Psychotherapeut Werner Middendorf, der vor allem mit Midlife-Männern arbeitet, bestätigt das: Männerfreundschaften sind rar, und sie sehen meistens völlig anders aus als Frauenfreundschaften.

Eine neuere Umfrage ergab: Zwei Drittel der Männer in Deutschland sind ohne Freunde. »Manchmal haben sie noch einen oder zwei aus Kindertagen oder aus ihrer Ausbildungszeit«, sagt Middendorf. »Da die meisten Männer aber aus ihrer Heimat in verschiedene Richtungen weggezogen sind, treffen sie sich nur noch sehr selten.«

Zwei Drittel der Männer in Deutschland haben keine Freunde.

Männerfreundschaften können sich sehr wortkarg gestalten und dennoch eng sein, weil Männer ihre Beziehung mehr im gemeinsamen Tun, in gemeinsamen Projekten leben als im Gespräch. Aus diesem Grund tun sich Männer auch oft schwer damit, ihre Kontakte über die Distanz weiterzupflegen, übers Telefon etwa, wie das unter Freundinnen üblich ist.

Frauen fällt die verbale Kommunikation im Allgemeinen leichter, und sie schaffen es meist sehr schnell, auch an einem neuen Wohnort über nachbarschaftliche Kontakte, ihren Beruf, die Kinder oder sportliche Aktivitäten ein neues Freundinnen-Netzwerk zu knüpfen.

Männer stehen darum, wenn ihre Frau sie verlässt, oft alleine da. Oder jedenfalls ohne männlichen Beistand, während Frauen nach einer Trennung fast immer auf Freundinnen zurückgreifen können und meistens zusätzlich auch auf Mütter, Tanten, Schwestern oder Cousinen.

Männer stehen oft ganz alleine da, wenn ihre Frau sie verlässt. Stürzen sie sich deshalb sofort in die nächste Liebesbeziehung?

Dass sich verlassene Männer oft so schnell in die nächste Liebesbeziehung stürzen, liegt sicherlich auch an ihrem weit verbreiteten Mangel an männlichen Freunden.

Bernhard Claus Sander, Männergruppen-Leiter in München, erzählt, dass Midlife-Männer ganz gezielt zu ihm in die Gruppe kommen, weil sie keinen guten Freund haben, mit dem sie bei ihren persönlichen Themen in die Tiefe gehen können. Für die meisten sei ihre Frau der erste Ansprechpartner. Manchmal übernehmen auch gute Freundinnen oder Schwestern diese Funktion.

»Das ist zwar schön, aber ein Mann erzählt einer Frau eben andere Dinge, als er einem Mann erzählen würde.« In jedem Fall sind in Gesprächen zwischen Mann und Frau einige Filter eingebaut. Das passiert völlig unbewusst und umso eher, je mehr ein Mann im Rahmen seiner Erziehung gelernt hat, die Welt durch die Augen von Frauen zu sehen: »Was ich meiner Frau sage, ist durch mein Mannsein gefiltert, beziehungsweise durch meine Vorstellung davon, was ich meiner Frau zumuten kann oder nicht«, erläutert der Männercoach. »Und dadurch, wie weit ich mir ihre möglichen Reaktionen zumuten will. In jedem Fall passe ich, was und wie ich etwas mitteile, an mein weibliches Gegenüber an. Was die Frau ihrerseits von meinem Gesagten versteht, wird durch ihr Frausein gefiltert. Was sie mir dann zurück mitteilt, ist durch sie selbst und ihre Vorstellung von mir als Mann ebenfalls gefiltert; und was ich von dem, was sie mir sagt, wiederum aufnehme, ist schon wieder etwas anderes. Das heißt: Unter Männern kann ich meine Themen viel unverblümter und direkter ausdrücken, weil diese Geschlechtsfilter schon mal wegfallen.«

»Was und wie ich etwas meiner Frau sage, ist durch mein Mannsein gefiltert.«

»Unter Männern kann ich meine Themen viel direkter ausdrücken.«

Als ich Matthias, einen 49-jährigen Maschinenbauer, interviewte, erzählte er mir von einem Erlebnis, das ihn auf die Idee gebracht hat, vielleicht doch einmal eine Männergruppe aufzusuchen: »Ich war auf der Party zum 50. Geburtstag eines Schulfreundes eingeladen. Dreißig Jahre lang hatte ich ihn nicht mehr gesehen. Das Fest fand im Garten seines Einfamilienhauses statt. Und die Männer aus seiner Männergruppe waren auch eingeladen. Darunter ein 70-Jähriger – weißhaarig, unauffällig –, den er mir vorstellte: Das sei der Gruppenleiter. Diese Gruppe gibt es schon seit achtzehn Jahren! Und ich sage Ihnen: Die Männer haben geleuchtet, die haben irgendwie gestrahlt! Ich wurde richtig neidisch. Ich fand das unglaublich toll, dass ›seine‹ Männer einfach so, ganz selbstverständlich dazugehörten. Zu seiner Familie, in sein Leben. Für seine Frau und seine Kinder war das völlig natürlich. Er wirkte stark und eingebunden – und sehr männlich.«

Friedrich, 53, ist erst seit kurzem einer »Männerrunde«, wie er es nennt, beigetreten: »Ich bin zufällig im Internet darauf gestoßen«, erzählt er. »Mir gefiel, dass der Leiter einen ähnlichen Hintergrund hat wie ich: Techniker und Ingenieur. Ich finde das total interessant, eine Runde zu haben wie die Damen: ›So, jetzt reden wir mal!‹ Ich habe zwar Freunde, aber das sind eher Zweckgemeinschaften. Wir machen zusammen Musik und Sport, aber es sind nicht so richtig Vertraute. Ich hab mich davor immer mit meinen Partnerinnen ausgetauscht und mit meiner Schwester, zu der ich ein gutes, enges Verhältnis habe, und mit Freundinnen, zu denen ich rein freundschaftliche Beziehungen pflege.

»Ich finde das total interessant, eine Runde zu haben wie die Damen: ›So, jetzt reden wir mal!‹«

Es ist ein Experiment für mich, jetzt mal mit Männern anders zu reden. Also nicht damit anzugeben, was man aufgerissen hat, sondern: ›Hey, ich hab da grade jemanden kennengelernt, und da gibt es dieses und jenes Problem.‹ Oder: wie ich als Mann mit Frau und Kindern interagiere – dass man sich darüber austauscht.

In den Gruppen von Bernhard Claus Sander geht es den meisten Midlife-Männern um Selbsterkenntnis und um Beziehungsthemen. Um Fragen wie: Was ist eigentlich »männlich«? Oder: Was ist Liebe?

»Männer wissen nichts voneinander«, sagt er. »Sie wissen oft nicht einmal, dass es den anderen genauso geht wie ihnen. Mit ihren Schuldgefühlen, ihrer Selbstverachtung.«

Männer kriegten von Frauen immerzu gesagt, dass sie nicht in Ordnung seien, erklärt Sander. Von anderen Männern in der Gruppe wird ihnen dagegen – manchmal zum ersten Mal im Leben – gespiegelt, dass sie sich in ihrem Anderssein wohlfühlen dürfen: »Dass es o.k. ist, ein Mann zu sein, ziel- und lösungsorientiert zu denken. Im Austausch mit anderen Männern können sie sich auch mit ihrer Sexualität aussöhnen, die ihnen oft von kleinauf madig gemacht wurde.«

»Männer wissen nichts voneinander. Nicht einmal, dass es den anderen genauso geht.«

Männer können im frauenfreien Schutzraum der Gruppe ganz unaufgeregt die Palette ihrer Männlichkeit erkunden, ohne gleich verurteilt zu werden. Und sie können sich gegenseitig stärken. Brüderlichkeit üben und gern auch ein wenig »zelebrieren«. In vielen Gruppen gehört es dazu, dass sich die Männer auch körperlich näherkommen: Beim Ringen und Boxen oder einer anderen Form von sportlichem Wettkampf. »Dieses Sich-aneinander-Messen ist für Männer wichtig. Sie spüren sich dabei selbst«, sagt Sander.

Im frauenfreien Schutzraum der Gruppe können sie ihre Männlichkeit erkunden.

»Wir schauen uns in der Gruppe auch das Konkurrenz-thema an und beschränken es nicht auf das übliche Gegockel, wenn's um eine Frau geht. Ich sehe da eher zwei Hengste, die nebeneinander wild übers Feld galoppieren, ihre Kräfte messen und dabei ihre Energie genießen, als den erbitterten Schaukampf zweier Hengste um eine Stute. Das ist nämlich nur eine von vielen möglichen Facetten des männlichen Konkurrenzgebarens.«

Bloß keine Entwicklungshilfe!

»Und schreiben Sie in Ihr Buch unbedingt noch«, ruft mir der Männercoach, nachdem wir uns bereits verabschiedet haben, hinterher, »dass Frauen ihre Männer unter gar keinen Umständen in eine Männergruppe schicken sollen. So nach dem Motto: ›Schatz, du solltest endlich auch mal was für dich tun!‹« Ein Mann nämlich hört aus fast jedem Rat seiner Frau nur eine einzige Botschaft heraus: »Mit mir stimmt was nicht. Sie ist mal wieder nicht einverstanden mit mir, so, wie ich bin.« Denn damit ist jede Motivation, etwas für sich zu tun – falls er denn je eine hatte – im Keim erstickt.

»Schicken Sie Ihren Mann unter gar keinen Umständen in eine Männergruppe!«

Männer lassen sich eben nicht gern helfen. Sie wollen ihre Sachen allein hinkriegen. Vor allem müssen sie ganz aus eigenem Antrieb und freiwillig entscheiden, was sie tun – und wann sie es tun. Das reicht vom Müll-Runterbringen bis zur Selbstfindung.

Dennoch können's viele Frauen nicht lassen, sondern handeln nach der Maxime: »Natürlich muss man die Männer nehmen, wie sie sind – aber man darf sie nicht so sein lassen.« Sie nörgeln unermüdlich an ihren Männern herum, machen ihnen Vorwürfe, wollen sie umerziehen – was so gut wie nie funktioniert – oder mit in eine Paartherapie schleppen – was erstaunlicherweise zuweilen sogar hinhaut.

»Das ist die klassische Konstellation«, sagt Matthias Stiehler. Er erlebt sie regelmäßig in den Paarberatungen, die er gemeinsam mit seiner Frau am Dresdner Institut für Erwachsenenbildung und Gesundheitswissenschaft anbietet. Die Initiative ergriffen fast immer die Frauen, erzählt er. Die Frau bringt dann ihren Mann mit. Sie sagt, sie habe das lange genug mitgemacht und hielte es jetzt einfach nicht mehr aus. Und meistens sei sie mit sich selbst recht zufrieden.

»Da höre ich zum Beispiel von einer Klientin: ›Ich tue so viel für mich! Ich habe schon mehrere Therapien gemacht, Workshops für Psychodrama und Kinesiologie besucht, mit Bachblüten kenne ich mich auch aus, und ich lasse mich regelmäßig von meinem Homöopathen beraten.‹ Die Frau hat also an sich gearbeitet und fühlt sich gut, gesund und beziehungsfähig. ›Aber so geht's mit meinem Mann nicht weiter‹, sagt sie dann, ›er muss jetzt endlich auch was tun, sonst ist unsere Beziehung am Ende.‹«

Die psychologischen Berater befragen dann den Mann, wie er seinerseits die Lage einschätzt, und der habe meistens gar nichts zu meckern, sondern war bisher eigentlich ganz zufrieden mit seinem Eheleben. Er hat kaum Ansprüche an die Beziehung, und es geht ihm gut, wenn seine Frau ihn in Ruhe lässt. In der Beratung kriegt der Mann nun aber mit, dass es seiner Frau wirklich ernst ist, dass es ihr richtig schlecht geht mit ihm, und dass er etwas tun muss, um die Ehe zu retten.

»Ich sage den beiden dann immer: An den Schwierigkeiten in einer Beziehung ist jeder Partner grundsätzlich zu fünfzig Prozent beteiligt. Und entsprechend müssen beide sich anstrengen. Wenn sie das hören, zucken die Frauen oft zusammen, denn sie sind noch ganz davon überzeugt, dass die Hauptschuld an ihrem Unglück bei ihren Männern liegt, während sie ihren Job schon erledigt hätten.«

Bevor eine Beratung weitergeführt wird, müssen beide Partner ihre Bereitschaft erklären, dass sie sich um die Erhaltung ihrer Beziehung bemühen wollen, und die aufgerüttelten Männer lassen sich meist etwas schuldbewusst bereitwillig darauf ein. »Dann passiert etwas sehr Interessantes: Erst in dem Prozess, der dann einsetzt, bemerken die Männer, dass auch sie selbst schon lange unzufrieden waren. Erst jetzt gestehen sie es sich ein. Und trauen sich im geschützten Raum der Beratung sogar, es zum ersten Mal auszusprechen. Und jetzt erschrecken die Frauen, weil sie oft zum ersten Mal hören, dass sie ihren eigenen Anteil an den Beziehungsproblemen haben. Viele Frauen verspüren dann den Impuls, die Beratung abzubrechen. Wenn wir darüber hinwegkommen, kann die Arbeit losgehen.«

Die größten Konflikte entstehen durch die unterschiedlichen Kommunikationsmuster von Männern und Frauen.

Die meisten Paarberater und -therapeuten geben ihren Klienten Strategien an die Hand, wie sie im Alltag besser miteinander kommunizieren können. Denn die größten Konflikte entstehen durch die unterschiedlichen Kommunikationsmuster von Männern und Frauen. Beim Streiten etwa wollen Frauen in der Regel so lange weiterstreiten, bis der Konflikt gelöst ist, erklärt Matthias Stiehler. Sie können einfach nicht aufhören. Männer dagegen halten das fast nicht aus. Sie wollen, dass so schnell wie möglich wieder Ruhe einkehrt, und würden sich am liebsten komplett vor der Auseinandersetzung drücken.

»Wir geben dem Paar dann die Aufgabe, beim nächsten Streit folgende Regeln, die für beide schwierig sind, einzuhalten: Die beiden müssen – ohne eine Klärung – im Streit auseinandergehen. Das ist für die Frau schwer auszuhalten. Während er nämlich wahrscheinlich seelenruhig schläft, kann es sein, dass sie sich die ganze Nacht sorgenvoll hin- und herwälzt. Am nächsten Tag aber, wenn die Streitenergie weg ist, wird der Konflikt wieder auf den Tisch gebracht. Und das ist jetzt für den Mann die große Herausforderung, er muss sich dazu überwinden, denn er würde es lieber umgehen, vergessen, verdrängen, muss sich aber noch einmal stellen.« Beide Partner haben zugestimmt, aus ihren alten Verhaltensmustern ein Stück weit auszusteigen. Sie versuchen jetzt also, den Konflikt unter neuen Bedingungen noch einmal anzugehen, und die Wahrscheinlichkeit, dass sie zu einer ersten Lösung kommen, ist ziemlich groß.

Johannes, 63, ist ein Mann, dem seine Frau die Pistole auf die Brust gesetzt hat: »Luisa hat gesagt, entweder du gehst mit in eine Therapie, oder es ist aus. Wir haben, als ich 53 und sie 42 war, unser erstes gemeinsames Kind bekommen. Alles wuchs uns über den Kopf. Nach fünf Jahren war unsere Beziehung fast am Ende. Egal, was ich tat, wie sehr ich mich auch anstrengte, nie war es genug. Ich verdiente nicht genug, ich war nicht genug für das Kind da, ich tat nicht genug im Haushalt … Nichts konnte ich richtig machen. Luisa war ständig unzufrieden und hat eigentlich nur noch geschimpft.«

»Entweder du gehst mit in eine Therapie, oder es ist aus.«

In der Therapie bekamen die beiden ganz lebenspraktische, lebenserleichternde Alltags-Tipps wie diesen: Aufgabengebiete und die ausschließliche Verantwortung dafür vergrößern! Hatten Luisa und Johannes bisher die Aufteilung »Einer kocht, der andere räumt danach die Küche auf, und das wechselweise«, sollte jetzt der, der dran war, sowohl einkaufen und kochen als auch hinterher wieder Ordnung schaffen. Und der andere durfte ihm dabei nicht reinreden. »Das hat uns total entspannt. Wenn ich nach dem Essen noch einen Termin hatte, für den ich schnell wegmusste, habe ich eben am nächsten Tag gespült.«

Sicherlich ist es sinnvoll, dass sich ein Paar guten Rat holt, wenn es den Eindruck hat, seine Beziehung sei festgefahren. Wenn aber der Mann keinen Leidensdruck spürt, wird sie mit ihrem Vorschlag, gemeinsam eine Therapie zu machen, bei ihm wahrscheinlich ebenso auf Granit beißen wie mit ihrer Kritik, ihren Vorwürfen und ihren anderen Forderungen.

Midlife-Männer hassen es, wenn Frauen versuchen, sie zu etwas zu bringen, was sie selbst gar nicht wollen. Das fängt mit Kleinigkeiten an, wie Peter sie mir erzählte: »Wenn meine Freundin und ich durch die Stadt gebummelt sind, hat sie gesagt: ›Ach, wollen wir nicht mal auf die andere Straßenseite gehen?‹ Dieses ›Wir‹ hat mich immer total aufgeregt. *Sie* wollte nämlich auf die andere Seite, weil *sie* sich die Schuhe in einem Schaufenster anschauen wollte. Aber sie hat nicht gesagt: ›*Ich* möchte da drüben das Schaufenster anschauen. Kommst *du* mit?‹ Auf so eine Frage hätte ich wenigstens mit Ja oder Nein antworten können.«

Das Gras wächst nicht schneller, wenn man dran zieht.

Hannes denkt mit Grausen an den indirekten Standardvorwurf seiner Exfrau, mit dem sie ihn zur Mithilfe im Haushalt animieren wollte: »Jemand sollte endlich mal den Müll runterbringen.« Und Manfred sagt, seine Frau hätte ihn immer zu korrigieren versucht: »›Du darfst sowas nicht sagen oder tun‹, oder noch schlimmer: ›Das hättest du nicht tun dürfen.‹« Typische Situation: Sie waren bei Verwandten zu Besuch, und hinterher tischt sie ihm sein vermeintliches Fehlverhalten auf. »Bei mir macht der Ton die Musik«, sagt Manfred. »Auf Anweisungen und Tadel wie von Frau Lehrerin reagiere ich allergisch.«

»Du darfst so was nicht sagen oder tun.«

Matthias Stiehler erzählte mir aus seiner Beratungspraxis von einem Mann, dessen Ehefrau ihn dauernd dazu anhalten wollte, weniger oder wenigstens leiser zu sprechen. Immerzu machte sie »pscht!«, wenn er sich lautstark äußern wollte. Nachdem er ihre Maßregelungen jahrzehntelang missmutig, aber schweigend erduldet hatte, kam das »Pscht!« in der Paarberatung endlich einmal zur Sprache. Und als die Frau gerade wieder, wie gewohnt, »pscht!« machen wollte, erhob er zum ersten Mal seine Stimme: »Wenn du noch ein einziges Mal ›pscht!‹ sagst, lass ich mich scheiden!« Sie erschrak und war schwer beeindruckt, dass er endlich Position bezogen und ihr eine Grenze gesetzt hatte. Sie hatte all die Jahre nicht mehr bemerkt, wie übergriffig und respektlos sie ihn behandelt hatte. Es war doch nur gut gemeint von ihr: Sie wollte verhindern, dass er mit seinem lauten Reden unangenehm auffällt. Sie wollte das. Er wollte das nicht. Nach seinem Ausbruch hat sie ihn respektiert und sich fortan zurückgehalten.

Das Dumme beim Kritisieren und Korrigieren: Wir Frauen werden gerade in den mittleren Jahren selten sanfter und milder, sondern eher ungeduldiger und strenger – oder sagen wir: taffer. Das wird nicht allein daran liegen, dass die Männer immer unausstehlicher werden oder daran, dass wir sie schon allzu lange ertragen mussten, sondern es hat wahrscheinlich auch mit unseren eigenen körperlichen und seelischen Veränderungen in der Lebensmitte zu tun (siehe Kapitel 4).

»Frauen drücken lange ein Auge zu. Am Ende aber nur noch, um zu zielen.«
Humphrey Bogart

Männerstolz und Männerscham

Manfred reißt abwehrend die Hände hoch: »Tanzen! Um Gottes willen, nee, mach ich nicht! Das hab ich von Anfang an klargestellt.« Schon damals, mit sechzehn, hätten ihn »die Mädchen zum Deppen gemacht«. Sie sind mit ihm zusammen in die Disko gegangen, weil sie einen Jungen dabeihaben wollten. »Da waren dann diese wahnsinnig gut aussehenden schwarzen US-Soldaten aus der Kaserne nebenan, und die Mädels schwärmten: Wie die sich bewegen können und was für tolle Bodys die haben …« Wenn seine Freundin heute unbedingt tanzen gehen will, dann muss sie eben alleine losziehen.

Männer tun ungern etwas, das sie nicht beherrschen. Vor allem, wenn sie jemand – im schlimmsten Fall nicht die Angebetete, sondern ein anderer Mann! – dabei beobachtet. Das gilt generell, aber in verunsicherten Krisenzeiten doppelt und dreifach. Dann fühlen sich Männer noch schneller blamiert und bloßgestellt. Gerade beim Tanzen sind ihnen die Frauen meistens überlegen, und Männer empfinden sich, wenn sie es nicht so gut können, als Versager.

Männer tun ungern etwas, das sie nicht beherrschen. Sie fühlen sich leichter als Frauen blamiert und beschämt.

Während Frauen im Allgemeinen eine gelegentliche Panne problemlos verkraften, ertragen es Midlife-Männer nur schwer, blöd dazustehen. Das führt dazu, dass Männer meistens größere Hemmungen haben, sich ein ganz neues Hobby zuzulegen, etwa eine Sportart von Grund auf zu erlernen oder an einem Theaterworkshop teilzunehmen, wenn sie so etwas noch nie gemacht haben. Es macht ihnen schlicht und ergreifend keinen Spaß.

So fühlen sich manche Männer auch zeitlebens auf dem gesellschaftlichen Parkett unwohl, während es ihre Frauen vielleicht lieben, sich schön herzurichten und in die Oper oder ins Ballett zu gehen. Oft bearbeiten sie ihre Männer ausdauernd, um sie zum Mitgehen zu motivieren. Und am liebsten wäre es ihnen, die Männer wären von sich aus daran interessiert und würden es gerne tun – statt widerwillig oder nur ihnen zu Gefallen.

Marcels Freundin wollte immer mit ihm zusammen spazieren gehen. Ständig habe sie versucht, ihn zu animieren, sagt er: Er solle sich mehr bewegen, das tue ihm gut, das sei gesund und auch gut gegen seinen Bauchansatz. »Aber ich bin kein Spaziergänger«, ruft Marcel verzweifelt, »ich bin ein Kaffeehaussitzer!«

»Ich bin kein Spaziergänger! Ich bin ein Kaffeehaussitzer!«

Und aller Voraussicht nach wird er das auch bleiben. Aus dem Fußballfan wird wahrscheinlich kein regelmäßiger Opernbesucher, aus dem lauten Witzeerzähler kein empfindsamer Poet, und auch der rundliche Intellektuelle entpuppt sich aller Wahrscheinlichkeit nach nicht mehr als rassiger Tango-Tänzer.

Wenn die Männer älter werden, erkennt man genauer, wer sie sind. Und zugleich, wer sie eben nicht sind.

Wie – mein Wunschmann ist nicht der Richtige?

»Frauen täuschen sich«, behauptet der Männer-Coach Bernhard Claus Sander. Sie haben meistens ganz bestimmte Wünsche, wie Männer sein sollten, damit sie ihnen ins Konzept, in ihr weibliches System passen. Diese Wünsche an einen Mann entwickeln sie – wie könnte es auch anders sein? – aus ihrem Frausein, aus ihrer eigenen Geschichte, ihrem Denken und Fühlen heraus.

»Frauen brauchen nicht die Männer, die sie sich wünschen.«

Wenn sich der Mann aber ihren Wünschen fügt, sich nach den vermeintlichen Bedürfnissen der Frau von ihr umerziehen lässt, dann gefällt er ihr oft auch nicht mehr. Dazu sagt Bernhard Claus Sander einen erstaunlichen Satz: »Frauen brauchen nicht die Männer, die sie sich wünschen. Und das, was Frauen wirklich brauchen, was ihnen guttut und wonach sie sich sehnen, können sie ihren Männern nicht anerziehen oder beibringen – weil sie Frauen sind.«

Auch wenn's schwerfällt, das zu akzeptieren: Das Leben ist kein Bestellkatalog und ein Mann kein Bastelbogen. Den Weg zum authentischen Mannsbild mit eigenwilliger Persönlichkeit muss er ohne uns gehen. Männer werden nicht im Umgang mit Frauen, die an ihnen herumzerren und -erziehen, zu »brauchbaren« Männern, sondern im Austausch mit anderen Männern.

Sie sind dann im besten Sinn coole Kerle – lebendig, sexy, liebevoll und liebenswert, manchmal sogar unwiderstehlich –, wenn sie bei sich sind: selbstbestimmt statt fremdbestimmt (nein, auch nicht von uns). Dann, wenn sie vor Begeisterung »leuchten«, wie Matthias das beschrieben hat.

Im besten Sinn coole Kerle müssen bei sich sein: selbstbestimmt statt fremdbestimmt.

Wir sollten auch nicht neidisch sein, dass nicht wir es sind, die dieses spezielle Strahlen erzeugen, das aus dem gemeinsamen Denken, Reden und Handeln unter Männern entsteht – wir sollten es vielmehr in vollen Zügen genießen. Die Früchte ernten. Das eigenwillige Anderssein annehmen, falls es uns gefällt. In jedem Fall tun wir gut daran, Männern ihren geschlechtsspezifischen Freiraum zu lassen und vor allem: zu gönnen. Über »Männergruppen« gibt es schon genug blöde Witze. Am besten, wir halten uns wohlwollend, aber respektvoll raus und kümmern uns um unsere eigenen Angelegenheiten.

Über Männergruppen gibt es schon genug blöde Witze.

Den Drang, etwas anzustoßen, zu entwickeln, voranzutreiben, der sich bei Midlife-Frauen vermehrt einstellt, agieren wir lieber nicht an den Männern aus, sondern richten ihn auf uns und unsere eigenen Projekte.

Kapitel 7

Entdeckung und Eroberung neuer Lebensräume

Rollenwechsel statt »Bäumchen wechsel dich«

Da sind sie ja!

Im Land der Midlife-Männer hat sich eine Bewegung formiert, die immer größere Bevölkerungsteile erfasst und mitreißt. Das lässt sich gut an den Buchtiteln ablesen, die dieses fruchtbare Land in den letzten paar Jahren hervorgebracht hat: Es gibt eine Flut von Ratgebern von Männern für Männer; daneben aber, und das ist noch beachtlicher, gibt es literarische Texte von Autoren mittleren Alters, die sich mit den brisanten Themen ihrer eigenen Lebensphase auseinandersetzen.

Es gibt neuerdings literarische Texte von Autoren mittleren Alters, die sich mit den brisanten Themen ihrer Lebensphase befassen.

Sie schreiben über sich selbst und geben dabei mehr und Wesentlicheres von sich preis, als das bislang unter Intellektuellen üblich war – wollte man von der Literaturkritik nicht der »narzisstischen Nabelschau« bezichtigt, als »Betroffenheits-Lyriker« oder gar »dirty old man« geschmäht werden.

Der britische Schriftsteller Tim Parks (Jahrgang'54) etwa legte 2010 seinen brillant geschriebenen Erfahrungsbericht vor: *Die Kunst stillzusitzen. Ein Skeptiker auf der Suche nach Ge-*

sundheit und Heilung. Als durch und durch rationaler Autor bekannt, der den Geist immer weit über den Körper gestellt hat, befasst sich Parks darin erstmals mit dem Thema Körper – und dann auch noch gleich mit seinem eigenen: mit den (tabuisierten) Männerleiden, die ihn so um die fünfzig überfielen. Extreme Unterleibsschmerzen, Prostatabeschwerden, Harndrang. Und er schildert, wie er, der große Spötter, der jeden »Esoterik-Kram« immer zutiefst verachtet hatte, mit einer indischen Meditationstechnik nicht nur gesund wird, sondern einen grundsätzlich anderen Blick auf das Leben gewinnt. Wie er durch das »Stillsitzen« ein völlig neuer Mensch wird, da er seinen Körper und seinen Geist endlich als Einheit erleben kann.

Das Besondere an diesem Buch: Parks beobachtet sich schreibend so selbstkritisch und ist zugleich so offen und ehrlich, dass ihm sogar gestrenge Literaturkritiker bescheinigen, er komme ganz »ohne den narzisstischen Sound so vieler Selbstfindungsbücher« aus (*Süddeutsche Zeitung* vom 21. Oktober 2010).

Unerwartet lobend verzeichnen die Feuilletons aber auch eine neue Welle von autobiographisch gefärbten Romanen aus Ost- und Westdeutschland, in denen Autoren jenseits der fünfzig ihre Kindheit verarbeiten. Ganz nah rücken sie an ihre familiären Beziehungen und Lebensumstände in den 1960er Jahre heran. Und noch ein weiteres zentrales Thema der Midlife-Männer findet in der aktuellen Literatur ihren Niederschlag: Die Auseinandersetzung mit den Vätern. 2009 schrieb Tilman Jens (Jahrgang ’54) *Demenz: Abschied von meinem Vater*, über das Alzheimer-Leiden seines Vaters, des bekannten Tübinger Literaturwissenschaftlers Walter Jens, und was es für ihn als Sohn bedeutet. 2011 erschien von Arno Geiger (Jahrgang ’68) *Der alte König in seinem Exil*,

Auch die Auseinandersetzung mit den Vätern findet in der aktuellen Literatur ihren Niederschlag.

eine liebevolle Geschichte über die Beziehung zu seinem dementkranken Vater. Und Walter Kohl (Jahrgang '63) beschreibt in *Leben oder gelebt werden: Schritte auf dem Weg zur Versöhnung*, 2011, seinen konfliktreichen Werdegang als Sohn von Altbundeskanzler Helmut Kohl.

Giovanni di Lorenzo (Jahrgang '59), Chefredakteur der *ZEIT*, und sein Freund aus Jugendtagen, der Schriftsteller und Kolumnist der *Süddeutschen Zeitung* Axel Hacke (Jahrgang '56), veröffentlichten 2010 gemeinsam *Wofür stehst Du? Was in unserem Leben wichtig ist – eine Suche*. Auch für die beiden ist der persönliche Ton, als sie sich auf die Suche nach einer brauchbaren »Alltagsmoral« machen, Programm. Die beiden renommierten Journalisten bestimmen ihren Standort in der Gesellschaft und die Werte, die für sie richtungsweisend sind, indem sie ihre eigenen Biographien durchstöbern, von sich und ihren konkreten Erfahrungen erzählen – unpathetisch, unaufgeregt, natürlich. Von ihrer Herkunft, den Umwegen ihrer Karrieren, von ihren Beziehungen, Familien und Kindern.

Dass intellektuelle Midlife-Männer ihre Selbstbefragung öffentlich machen, dass sie sich in ihrer Eigenart zu erkennen geben, mit ihren Stärken und ebenso mit ihren Ambivalenzen und Schwächen – das ist erst in den letzten Jahren so richtig hoffähig geworden.

Dass intellektuelle Midlife-Männer ihre Selbstbefragung öffentlich machen, ist erst in den letzten Jahren hoffähig geworden.

Natürlich bilden die genannten Autoren die Speerspitze im Land der Midlife-Männer. Aber sie sind nicht allein Vordenker und Vorreiter, sondern auch das Ergebnis eines neuen gesellschaftlichen Klimas, das solche Männer-Geschichten jenseits traditioneller Klischees überhaupt möglich macht. Zugleich regen ihre Publikationen die öffentliche Diskussion an und ermuntern andere Männer, auf ähnliche Weise nachzuziehen.

Dazu passt, dass Werner Middendorf, Psychotherapeut aus Berlin, berichtet, seit zwei Jahren hätten sich zum ersten Mal in über zwanzig Jahren mehr Männer als Frauen zum sogenannten Hoffman-Quadrinity-Prozess bei ihm angemeldet: »Zwei Drittel Männer, ein Drittel Frauen – das Zahlenverhältnis war vorher immer andersherum.« Jetzt holen die Männer anscheinend auf. Dieser »Prozess« ist eine einwöchige Intensivtherapie, in der tiefgreifende emotionale Muster, die jeder Mensch unbewusst von seinen Eltern übernommen hat, aufgelöst werden. Ziel ist, sich mit dem Vater und der Mutter innerlich auszusöhnen: »Die Voraussetzung dafür, dass Männer überhaupt zu ›richtigen‹ – reifen und autonomen – Männern werden können«, sagt der Therapeut.

Die Männer holen auch bei Psychotherapien in den letzten Jahren auf.

In jedem Fall gibt es immer mehr davon: Männer, die ihrer Herkunft nachspüren, ihren körperlichen Veränderungen Beachtung schenken, ihre Ziele, Wünsche und Wertvorstellungen zunehmend präziser formulieren und kreative Ideen für ihr Leben im Alter aushecken.

Männer, die Farbe bekennen. Kontur gewinnen. Und den Humor nicht verlieren. Und die es wagen, sich so facettenreich und kantig, wie sie – wirklich – sind, ihren Frauen zuzumuten. Auch auf die Gefahr hin, dass sie anecken.

Was reife Männer wünschen

Gerhard, 49, kann heute sagen: »Ich bin der, der ich bin. Und plötzlich habe ich auch ein paar ganz einfache Wünsche an mein Leben: Ich möchte mehr Musik machen. Ich will Saxophonspielen lernen und – ich würde gerne noch erotische Abenteuer erleben und trotzdem mit meiner Frau zusammenbleiben. Ich habe so viel gelernt, mit ihr und mir in diesen zehn Jahren. Ich weiß jetzt erst, wie man mit Frauen umgeht. Und das würde ich gerne mit einer neuen, anderen Frau noch einmal erleben. Ich möchte mein neues Wissen anwenden, es besser machen. Es geht nicht darum, dass eine andere Frau andere Formen oder Oberflächen hat, sondern: Ich hab zu wenig von den Frauen gehabt – und sie von mir.«

»Ich würde gerne noch erotische Abenteuer erleben und trotzdem mit meiner Frau zusammenbleiben.«

Ernst, 52, erzählt: »Zehn Jahre lang war ich auf der Suche nach einem neuen, selbstbestimmten Leben. Ich war zweimal verheiratet. Im Rückblick erst sehe ich, dass ich mir beide Ehefrauen nur nach ihrer sexuellen Attraktivität ausgesucht habe. Erst im Älterwerden habe ich kapiert, worauf es mir eigentlich ankommt: Ich brauche eine Frau, die was anpackt, eine, mit der ich Pferde stehlen kann. Ich habe auch eine neue Freundin, weiß jetzt aber genau, was ich will und was nicht: Ich will nicht in einer gemeinsamen Wohnung leben, ich werde nicht noch einmal heiraten, und ich will keine weiteren Kinder. Zum Glück tickt meine Freundin genauso. Sie liebt es, mit mir zusammen auf Abenteuertour zu gehen, mit Rucksack und Zelt, im Dschungel oder in der Wüste. Beruflich habe ich mich inzwischen selbstständig gemacht, ich leite jetzt Trekkingtouren, was ich schon immer machen wollte. Da meine Einkünfte unregelmäßig sind, habe ich meine materiellen Ansprüche extrem zurückgeschraubt.«

»Ich will keine gemeinsame Wohnung, ich werde nicht noch einmal heiraten, und ich will keine weiteren Kinder.«

Von Michael, 46, erfuhr ich, er würde nie wieder mit einer Frau zusammen sein wollen, die ihre Regale nicht selber aufbauen und ihr Leben, samt Steuererklärung und Reifenwechsel, selbstständig managen kann.

Reife Männer lieben anscheinend reife Frauen, die wissen, was sie wollen und was nicht. Und sie selbst wollen auch mal passiv sein dürfen, mitgenommen, mitgerissen werden, sich zugleich angenommen und aufgehoben fühlen.

Sie wollen auch mal passiv sein dürfen, mitgenommen und mitgerissen werden.

»Ich habe wenige Wünsche«, sagte mir Gernot, 53. »Aber ich möchte nicht kämpfen müssen. Davon habe ich im Beruf genug. Ich möchte mich nicht behaupten müssen. Und möchte auch mal sagen dürfen: Heute will ich mich an deine starke Schulter anlehnen.«

Hinrich, 56, erklärte mit Nachdruck: »Endlich bin ich meine verdammte Schwanzfixierung los!« Er erlebe es als eine Befreiung, nicht mehr »den Macho für eine Frau spielen« zu müssen, sagte er. Er sehne sich heute viel mehr nach tiefer Verbundenheit. Zärtlichkeit sei ihm inzwischen wichtiger als Sex.

Markus, 50, will sich nur noch mit »einer Frau auf Augenhöhe« einlassen. »Mit einer Frau, für die ich kein Entwicklungshelfer sein muss.« Die ihn in seiner Männlichkeit anerkennt, Probleme nicht unter den Teppich kehrt, sondern auftischt und sachlich verhandelt, und »die für sich und ihr Leben die Verantwortung übernimmt«.

»Ich will eine Frau, die für sich und ihr Leben selbst die Verantwortung übernimmt.«

Claus, 48, wünscht sich »eine Frau, die getragen ist von einem ›Ja‹ zu Männern, beziehungsweise zu mir, als Mann«. Vater-, Missbrauchs- und eigene Weiblichkeitsthemen sollte sie zumindest bearbeitet oder einigermaßen angegangen haben. »Jedenfalls bin ich nicht mehr bereit, mir für Verletzungen, die sie in ihrem Leben durch andere erlitten hat, die Schuld zuschieben zu lassen, nur weil ich auch ein Mann bin.«

Und Friedrich, 49, meint: »Ich glaube, dass man einander guttut, wenn man zum eigenen Kern vorstößt. Wenn man alles, was man glaubt, darstellen zu müssen, einfach mal weglässt. Diesen ganzen intellektuellen Überbau. Man sollte auf den inneren Menschen schauen, wenn man aufeinander zugeht. Und wenn man sich gegenseitig abgeklopft und erkannt hat, der ist gut für mich, dann einfach dabei bleiben: Es gut sein lassen.«

Und was ist mit uns Frauen?

Es sieht so aus, als wäre, wenn die Männer sich wandeln, auch ein Wandel der Frauen nötig. Darum packen wir jetzt Feldstecher und Lupe, Aufnahmegerät, Messinstrumente und Grabungswerkzeuge wieder ein. Lassen die Männer Männer sein und kehren aus dem Land der Midlife-Männer zurück in unsere eigenen Gefilde.

Wir haben Beobachtungen angestellt, Material gesammelt und gesichtet, haben direkten Kontakt zu den Eingeborenen aufgenommen und mit Experten gesprochen, die sich im Midlife-Männer-Land auskennen. Jetzt schauen wir wieder auf uns selbst. Wie sieht's denn überhaupt bei uns aus?

Wie authentisch sind denn wir Frauen?

Wie authentisch sind denn wir? Welche Themen aus unserer Vergangenheit sind noch unbearbeitet? Und was wollen wir mit unserem Frauenleben in Zukunft noch alles anstellen? Wie wollen wir selbst älter werden? Und welche alten, eingefahrenen Mechanismen und Klischeevorstellungen behindern uns dabei? Könnte man ein paar davon kippen? Wenigstens die, die uns selbst und auch unsere Beziehungen nicht weiterbringen?

Psychologen sprechen davon, dass ein Mann, um ein »ganzer Mann« zu werden, die »weiblichen« Anteile seines Wesens in seine Persönlichkeit integrieren muss. Für uns Frauen besteht die entsprechende Entwicklungsaufgabe darin, unsere »männlichen« Anteile in unser Sein einzubauen und anzunehmen. In der Lebensmitte schaffen die körperlichen Umbauprozesse für Männer wie Frauen dafür die besten Voraussetzungen. Während die Männer, wie wir gesehen haben, oft erst in dieser Phase ihr Innenleben erkunden und Zugang zu ihrer eigenen Gefühlswelt bekommen, können wir Frauen in mittleren Jahren lernen, unabhängiger zu werden und unsere ganz eigenen Projekte zielgerichtet und eigenverantwortlich zu verwirklichen.

Meine Freundin Melanie formulierte das so: »Nach der Menopause ist es plötzlich nicht mehr so wichtig, was die Bäckersfrau über mein neues Outfit sagt. Ich grüble auch nicht mehr stundenlang darüber nach, was der Chef wohl gemeint haben könnte, als er kürzlich so seltsam geguckt hat. Ich mach jetzt einfach mein Ding.«

Auch wir haben in der Lebensmitte die Chance, aus Rollenklischees auszusteigen, die unserer Lebensstufe nicht mehr angemessen sind – etwa die Rolle der anhänglichen, unselbstständigen Frau, die von ihrem Mann beglückt werden will und ihm die Schuld an ihrem Leid zuweist; oder die Rolle der anspruchsvollen Prinzessin, die ihm Vorwürfe macht, wenn er sie nicht ständig umwirbt und bestätigt. Wir wissen es ja längst selbst: Irgendwann jenseits der 40 gewinnt man als Frau keinen Niedlichkeitspreis mehr ... Danach zu gieren oder es mit künstlichen Hilfsmitteln erzwingen zu wollen sieht selten würdevoll aus.

Schluss mit »Mutti«, Schluss mit der »kleinen Prinzessin«, Schluss mit der »Missionsschwester«!

Aber auch die Rolle der »Übermutter«, die alles im Griff hat, die Mann wie Kinder kontrolliert und managt, damit alles »wie am Schnürchen« funktioniert, ist eigentlich schon überholt – ebenso wie die Rolle der »Missionarin«, die immer ganz genau zu wissen glaubt, was für andere gut ist, und ihnen ungefragt, aber ausdauernd Ratschläge erteilt.

Bald werden die Kinder aus dem Haus sein, und man sollte frühzeitig damit anfangen, ihnen nach und nach immer mehr Verantwortung für ihr Leben zu übertragen. Die Männer sind längst erwachsen und für sich verantwortlich. Sie sollten sowieso nicht wie erziehungsbedürftige kleine Jungs behandelt werden. Zumal Gängeln, Nörgeln oder Einfordern erfahrungsgemäß zu allseits schlechter Laune, aber zu keinerlei Veränderung führen.

Wir können *bekanntermaßen* nur unser eigenes Verhalten ändern: unseren erwartungs- und hoffnungsvollen Blick von den anderen abziehen, die Kontrolle aufgeben, schon mal das Loslassen üben und uns auf uns selbst besinnen. Tun, was uns und unserem Frausein guttut: viel Zeit mit unseren Freundinnen verbringen zum Beispiel, unseren Geist wie unseren Körper pflegen; präzise Pläne für unsere eigene Zukunft entwerfen; verspielt und phantasievoll einen neuen Stil entwickeln; unsere eigenwillige altersentsprechende Schönheit betonen, statt uns an jungen Frauen zu messen.

Wir können schon mal das Loslassen üben und uns auf uns selbst besinnen.

Wechselhafte Liebe

Welche unserer Hoffnungen, Erwartungen, Wünsche und Forderungen an das Leben stammen wirklich aus unserem Inneren? Und welche sind von außen gelenkt, von Werbebildern gepusht und angeheizt?

Auch unsere Vorstellungen von Erotik und Sexualität sind von Bildern und Klischees beeinflusst, wenn nicht sogar bestimmt. Und in einer Welt, in der einen von jeder Plakatwand, jeder zweiten Seite einer beliebigen Illustrierten (und

Welche unserer Hoffnungen, Erwartungen und Wünsche stammen wirklich aus unserem Inneren?

vom Internet ganz zu schweigen) verführerisch schöne junge Frauen anlächeln, kann man sich als ältere Frau manchmal recht klein und hässlich fühlen, selbst wenn man im Großen und Ganzen mit sich zufrieden ist. Während das erotische Selbstbewusstsein der Männer nämlich stärker an ihre Potenz gekoppelt ist, hängt das weibliche mehr von unserer körperlichen Attraktivität ab.

Nimmt nun in der Lebensmitte sowohl seine Potenz als auch ihre Jugendfrische ab, können die Verunsicherungen auf beiden Seiten zu Missverständnissen in der Partnerschaft führen und das Ehebett zum Minenfeld machen. Wenn sich ein Mann weniger potent fühlt, weil er seine Frau etwa wegen Erektionsstörungen nicht mehr so selbstverständlich beglücken kann wie früher, fühlt er sich selbst weniger liebenswert. Da kann es leicht passieren, dass er schon im Vorfeld auf Abstand zu seiner Frau geht, weil er fürchtet, ihren Ansprüchen nicht zu genügen. Und die ihrerseits verunsicherte Frau glaubt daraufhin möglicherweise, dass ihr Mann sie nicht mehr attraktiv findet. Denn eine Frau fühlt sich nun mal geliebt und angenommen, wenn ihr Mann sie wegen ihrer Schönheit begehrt.

Nimmt in der Lebensmitte sowohl seine Potenz als auch ihre Jugendfrische ab, können die Verunsicherungen auf beiden Seiten das Ehebett zum Minenfeld machen.

Nimmt ihre Attraktivität (wie sie selbst glaubt) im Alter ab, empfindet sie sich selbst oftmals als weniger liebenswert und beginnt, mit sich zu hadern. Das kann dazu führen, dass sie von sich aus ebenfalls nicht mehr auf ihren Mann zugeht – aus Angst vor Zurückweisung. Was bei ihm wiederum so ankommen kann, als hätte sie keine Lust auf ihn oder würde ihn sogar ablehnen.

Eine vertrackte Situation. Dabei sind diese aufeinander projizierten Ängste fast immer unbegründet. Denn für die Frau ist es meist gar nicht so wichtig, dass er so schnell wie möglich eine Erektion bekommt, und die meisten Männer legen ihrerseits wesentlich weniger Wert auf die körperliche Perfektion ihrer Frauen, als diese denken.

Solche Schwierigkeiten zeigen nur einmal mehr, wie sehr unsere westliche Welt an einem Mangel an erotischer Kultur leidet, wie sehr wir sogar in unserem Intimleben unter Leistungsdruck stehen. Zwar gibt es massenhaft Ratschläge, wie man alte Ehen aufpeppen, den Sex in langjährigen Partnerschaften wieder spannender gestalten kann. Dass aber die Sexualität auch eine spirituelle Dimension hat, die weit über »Lustgewinn« oder »Befriedigung« hinausreicht und uns einen neuen Zugang zum einzigartigen Wesen unseres Partners – und zu uns selbst – erschließen kann, darum geht es in den gängigen Empfehlungen selten.

Unsere westliche Welt leidet an einem Mangel an erotischer Kultur.

Gerade in der Lebensmitte, wenn Männer und Frauen den Eindruck bekommen, dass sie den gesellschaftlich vorgegebenen »Sexstandards« nicht mehr genügen können oder wollen, lohnt sich deshalb ein Blick in die erotischen und exotischen Welten anderer Kulturen. Denn die körperlichen und seelischen Anzeichen in der Lebensmitte sprechen dafür, dass es jetzt gilt, das Konzept der zielstrebigen, auf Fortpflanzung ausgerichteten sexuellen Kraft hinter sich zu lassen und sich einem neuen, breiter und vielfältiger angelegten erotisch-sexuellen Erleben zu öffnen.

Exotische Liebeskünste und die deutsche Romantik

»Die meisten unserer Seminarteilnehmer sind zwischen 35 und 55 Jahre alt, und oft kommen sie als Paar«, erzählt Hellwig Schinko (Jahrgang '58). Zusammen mit seiner Frau Regina König (Jahrgang '56) hat er vor 25 Jahren das ARUNA-Institut gegründet, das die beiden seither leiten: eine Schule für Eros, Liebe und spirituelle Selbstentfaltung mit tantrischem Hintergrund. »Tantrismus ist ein spiritueller Erleuchtungsweg, der aber im Unterschied zu den meisten anderen Wegen die Sexualität ausdrücklich mit einbezieht«, erklärt Hellwig Schinko. »In unserem Institut unterstützen wir Menschen dabei, Sex, Herz und Geist in Balance zu bringen.«

Tantrismus ist wie Yoga ein spiritueller Weg, der aber die Sexualität ausdrücklich mit einbezieht.

Die Teilnehmer lernen in Kursen, Seminaren und Trainings, sich von alten Sexstereotypen, -strategien und -vorstellungen, die sie im Laufe ihres Lebens entwickelt haben, zu lösen. »Die meisten Männer trainieren sich ab der Pubertät, wenn sie die Onanie entdeckt haben, oft ein Muster an: ihre sexuelle Erregung möglichst schnell in einer Ejakulation zu entladen. Das kann sich dann leicht zu einem sexuellen Stereotyp verfestigen.« Auf ihrem weiteren sexuellen Weg, auf dem sich die meisten Männer zusätzlich unter einen starken Leistungsdruck setzen, weil sie gut sein und ihre Frauen zufrieden stellen möchten, eigne sich der Mann noch weitere Strategien an. Er entwickelt ein Regelwerk, ein Verhaltensregister, etwa in der Art und Weise wie er mit einer Frau umgeht und sie berührt, sich in Erregung bringt oder gegebenenfalls seinen Orgasmus hinauszögert. Die meisten dieser Strategien zielen auf eine »gute« sexuelle Performance.

Wenn dann der Sex in der Lebensmitte nicht mehr »einfach so« funktioniert wie gewohnt, geraten viele Männer in eine ernsthafte Identitätskrise und greifen nach der kleinen blauen Pille. Aus tantrischem Blickwinkel sei das unsinnig und kontraproduktiv, sagt Hellwig Schinko. »Die chemische Erektionshilfe führt zwar zur gewünschten Erektion, aber nicht zu einem feineren Spüren oder zu einer neuen Offenheit zwischen Mann und Frau. Obwohl es natürlich erleichternd sein kann, den sexuellen Akt nun ausführen zu können, handelt es sich trotzdem um eine künstliche Erregung, an der die Gefühle und die Seele nicht wirklich beteiligt sind. So erlebt man, wie es einer meiner Lehrer sehr treffend benennt, nur ›Potenz ohne Poesie‹.«

Die chemische Erektionshilfe bewirkt nur »Potenz ohne Poesie«.

Mann und Frau sollten stattdessen viel liebevolle Zeit miteinander verbringen und möglichst alle festgefahrenen Vorstellungen von Sexualität und jeden Leistungsdruck ablegen. Es geht darum, im sexuellen Zusammensein eine neue körperliche Ausdrucksweise zu entwickeln, die sich spontan aus der jeweiligen Situation ergibt. So wird die Sexualität wieder frisch und besteht nicht nur aus der ständigen Wiederholung gewohnter Strategien. Wobei das Zusammensein eine Vereinigung durchaus einschließen kann – aber eben nicht muss. Frauen fällt es oft schwer, lockerzulassen und sich vertrauensvoll zu öffnen. Männer stehen häufig unter gewaltigem Leistungsdruck, haben Angst zu versagen, kommen zu früh oder bekommen gar keine Erektion. Aber auch durch sogenanntes weiches Eindringen – also ohne Erektion – kann ein Paar Kontakt herstellen. »Alles möglichst entspannt und ohne Erwartungen«, sagt Schinko. »Und dann mit viel Geduld auf subtilere Art hinspüren lernen, als es bei dem alten, eingefahrenen Rein-raus-Spiel überhaupt möglich war.«

»Mann und Frau sollten jeden Leistungsdruck ablegen.«

Die Genitalien selbst lernten bei solchen Übungen, mehr zu empfinden, das Zentrum der Erregung verlagere sich zunehmend vom Kopf in den Körper und in die Genitalien, erklärt der Tantra-Trainer. »Das kann zu einem ungeahnt orgiastischen, ekstatischen Erleben führen, wenn Mann und Frau in tiefem Vertrauen, tiefer Entspannung und Offenheit zusammen sind.« Ob es bei ihr oder ihm auch zu einem Orgasmus kommt, ist dabei nachrangig. »In unseren Paargruppen gibt es regen Erfahrungsaustausch zu diesem Thema. Demnach ist für die Frauen der Orgasmus oft nicht so wichtig. Es ist für sie einfach schöner und erfüllender, wenn die Männer präsenter und sensibler werden, wenn die Vereinigung länger dauert und mehr Qualität hat. Männer brauchen oft länger, um sich von der Vorstellung zu lösen, dass zu jeder sexuellen Vereinigung unbedingt ein Orgasmus gehören muss.«

»Es kann zu einem ungeahnt ekstatischen Erleben führen, wenn Mann und Frau in tiefer Entspannung und Offenheit zusammen sind.«

Männer, die lernen, ihren Körper von innen her wahrzunehmen, erleben oft überhaupt zum ersten Mal eine umfassende, ganzkörperliche Erregung, wie sie sie in ihren alten Mustern noch nie spüren konnten. Über tantrische Übungen können Paare eine neue Sprache der sexuellen Begegnung erlernen. »Durch ein häufiges, inniges Zusammensein bildet sich auch die natürliche Polarität zwischen Mann und Frau wieder aus«, sagt Hellwig Schinko. »Eine starke magnetische Spannung zwischen den männlichen und weiblichen Polen – womit sowohl die Ebene der Genitalien als auch jene der Herzen gemeint ist. Dann können Erektionen auch ganz ohne Programm und ohne jede genitale Stimulation entstehen. Und auf der Herzebene kann

Männer erleben oft zum ersten Mal eine umfassende, ganzkörperliche Erregung.

eine neue entspannte Offenheit heranwachsen.« Diese innere Verbindung zwischen Genitalien und Herz vertieft die Intimität zwischen den Partnern, weil sie einen energetischen Kreislauf in Gang setzt, der das sexuelle Zusammensein mit Liebe und Berührbarkeit erfüllt.

Ein lebendiger Mann im tantrischen Sinne ist ein sexueller *und* im Herzen berührbarer Mann. »Er ist – wie es eine alte tantrische Definition von Männlichkeit beschreibt ›einer, der das Staunen noch nicht verlernt hat‹.«

Ein lebendiger Mann im tantrischen Sinne ist ein sexueller *und* im Herzen berührbarer Mann.

Und welche Tipps hält die chinesische Gesundheitslehre für das Sexleben von Männern und Frauen in der Lebensmitte bereit?

Christine Bodenschatz-Li ist Sinologin, Ärztin für chinesische Medizin und Buchautorin. In ihrer Praxis in der Hamburger Altstadt sammelt und studiert sie unter anderem chinesische Medizinklassiker – je älter, desto besser.

Ich hatte in ihrem Bestseller *Der Weg der Kaiserin* gelesen, dass Sexualität eine Möglichkeit sei, die Lebenskraft zu stärken. Im daoistischen Ritus dient Sex sogar ausdrücklich der Lebensverlängerung. Und das funktioniert am besten, wenn es einem der Partner gelingt, den anderen so »anzuheizen«, dass er dann in der sexuellen Begegnung dessen Lebenskraft wie ein Vampir »abzapfen« kann. Dem weniger gefestigten Partner geht dabei allerdings jedes Mal etwas von seiner Essenz verloren. Er wird geschwächt.

Eine Frau kann sich auf diese Weise von einem jüngeren Mann etwas von seiner noch in Fülle vorhandenen Energie holen, ein älterer Mann vermag von der unverbrauchten Vitalität einer jungen Frau zu profitieren, sie regelrecht als Quelle zu nutzen. »Im alten China haben sich

»Unsere Umwelt ist zwar einerseits übersexualisiert, dabei aber völlig unerotisch.«

Männer das bewusst zunutze gemacht. Heute, im modernen Westen, geschieht es unbewusst«, schreibt Christine Li und erklärt dazu: »Unsere Umwelt ist zwar einerseits übersexualisiert, dabei aber völlig unerotisch.«

Als ich sie fragte, wie denn aber ein älteres Paar sich gegenseitig stärken könne, wenn beiden nur noch relativ wenig »Essenz« zur Verfügung steht, erzählte mir Christine Li von ihren Forschungen über die Ming-Zeit (1368-1644): In dieser ansonsten konservativen Periode in der Geschichte Chinas wurden von einigen Philosophen und Ärzten die althergebrachten Vorstellungen von Sexualität kritisiert: Die Beschreibungen von Sexualtechniken läsen sich wie Anleitungen zur strategischen Kriegsführung zwischen Mann und Frau, hieß es. Denn wer nach diesen Vorgaben dem Gegner beim Sex die Essenz entlocken wollte, ohne sich selbst etwas zu vergeben, musste emotional unbeteiligt bleiben. Und im Kampf um die Lebenskraft konnte nur einer, er oder sie, gewinnen, also Beute machen. Einer dieser Ärzte, Zhang Jingyue, klagte: Insbesondere die Frauen würden dabei oft sehr traurig und einsam und mit vielfältigen Krankheiten zurückbleiben, wenn die Männer auf der Jagd nach ewiger Jugend ihre Machtposition ausnutzten, um immer jüngere Konkubinen zu erwerben.

»Seit der Ming-Zeit«, so Christine Li, »wurden daher neokonfuzianische Theorien aus dem 12. Jahrhundert weiterentwickelt. Das Ergebnis war die ›Lehre vom Herzen‹, die auch in meiner Praxis eine große Rolle spielt.« Hier findet die Ärztin auch eine Antwort auf meine Frage: »Über das Herz können sich Männer und Frauen in höherem Alter Energie geben.« In der chinesischen Lehre existieren, wie ich erfahre, zwei Arten von Feuer. Das »Drachenfeuer«, das in den Nieren sitzt, und das »fürstliche Feuer«, das im

»Über das Herz können sich Männer und Frauen in höherem Alter Energie geben.«

Herzen wohnt. Das Drachenfeuer ist instinktgesteuert, einfach so da, unreflektiert lebendig, es wird mit der Zeit weniger und verzehrt Essenz. Was wir daran spüren, dass unsere Libido nachlässt. Die althergebrachten chinesischen Potenzmittel wirken daher genau wie die modernen westlichen auf dieses Drachenfeuer. Auf den Geist hat das Drachenfeuer wenig Einfluss, allzu stark aufloderndes Drachenfeuer kann den Geist sogar vernebeln, wie eine zu hoch lodernde Flamme, die alles verrußt.

Auf der Ebene des Herzfeuers ist der Sex weniger lustfixiert. Eine neue Innigkeit kann zwischen den Partnern entstehen.

Das Herzfeuer dagegen wird vom Geist, von unserer Seele und Persönlichkeit genährt. Es leuchtet klar und ruhig und wird mit zunehmender Reife eher noch heller. Wir können es als Wärme und bedingungslose Liebe wahrnehmen. Findet eine erotische Begegnung auf dieser Ebene statt, dann ist der Sex weniger lustfixiert. Die Liebeskraft ist klarer und reiner, eine neue, nährende Innigkeit und Nähe kann zwischen den Partnern entstehen.

»Damit das Herzfeuer seine Qualität entfalten kann, darf man vom anderen nichts wollen, nichts erwarten, nichts brauchen«, fährt Christine Li fort. »Man muss aufhören, die Schuld beim anderen zu suchen, das ganze ›du sollst‹, ›du musst‹ oder ›warum hast du mir wieder keine Rosen mitgebracht‹ hat hier keinen Platz. Es ist ein Geschenk, wenn so eine Begegnung stattfindet, kein Mensch hat ein Anrecht darauf, das er einfordern könnte.«

»Wenn ein älteres Paar dem Herzen den Vorrang gegenüber der reinen Lust einräumt, dann kommen sehr, sehr schöne Menschen dabei heraus.«

Die beiden Feuer liegen übrigens in ständigem Widerstreit. Das Drachenfeuer will, muss, drängelt sich vor, ist begierig und schnell. »Es kommt mit einer ›hysterischen‹ Gewalt über uns und drängt zum Ziel, das heißt, es drängt die Männer zur Ejakulation und kann völlig verwirren und benebeln. Ist aber das Herzfeuer zuerst da, kann es mit seiner klaren Flamme die Libido erwecken. Der Ejakulationsdrang ist dabei gemindert. Die Liebe kann dann lange andauern, ist für beide energetisierend, und der Mann, der nicht ejakuliert, verschleudert seine Essenz nicht.«

Wenn ein älteres Paar dahin kommt, dem Herzen den Vorrang gegenüber der reinen Lust einzuräumen, »dann kommen sehr schöne Menschen dabei heraus«, sagt Christine Li, »sehr schöne Paare.«

Ältere Paare, die sich von Herzen lieben, sehen in der Tat wunderbar aus – egal ob lange verheiratet oder frisch verbandelt. Auch wenn sie weder tantrische Übungen gemacht noch ihre Herzfeuer entfacht haben. Aber wer weiß? Vielleicht haben sie es getan, ohne sich dessen bewusst zu sein?

Mich erinnert die altindische und altchinesische Betonung von Herz, Innigkeit, Nähe und unkonventionellem Umgang unter Liebespartnern stark an eine Tradition, die unmittelbar aus unserem eigenen Kulturkreis stammt: das Ideal der »romantischen Liebe«, das sich vor 250 Jahren herausbildete. Es meint eine Liebesverbindung (und Ehe) zwischen Mann und Frau, die sich um ökonomische Vorteile und Standesunterschiede nicht schert. Eine Liebe, zu der neben erotischen Hochgefühlen vor allem die innige Seelengemeinschaft der Liebespartner gehört.

Auch das Ideal der romantischen Liebe meint nicht allein sexuelle Verschmelzung, sondern auch Seelengemeinschaft.

Mit diesem Liebesideal gehen noch heute die meisten jungen Paare an den Start – und scheitern dann fast zwangsläufig an den harten Realitäten von Karriere und Kindererziehung, an Erwartungs-, Finanz- und Zeitdruck.

Vielleicht ist dieses Romantik-Timing einfach falsch? Vielleicht sind wir ja in Wahrheit erst später, etwa ab der Lebensmitte, wirklich reif für die romantische Liebe, die freie Liebe? Je mehr wir uns aus gesellschaftlichen Konventionen herauslösen, je näher wir uns selbst kommen?

Gemeinsam Neuland betreten

Nachdem wir genauer untersucht haben, was die Einwohner im Midlife-Männer-Land so alles umtreibt und was sie dazu bringt, sich – in unseren Augen – zuweilen höchst merkwürdig aufzuführen, gelingt es uns jetzt vielleicht eher, erwartungslos einfach auf das zu schauen, was ist. Vor allem auch auf das, was uns auf unserer Expedition an Neuem begegnet ist. Möglicherweise erkennen wir jetzt eher, wer er ist, mein Mann, und was er will.

Wir sollten das übrigens im Midlife-Frauen-Land auch für uns selbst herausfinden. Erst dann werden wir wissen, was wir mit den Männern und sie mit uns anstellen wollen, und in welcher Weise wir zusammen sein mögen – oder eben auch nicht.

Was spricht eigentlich dagegen, nach dem Auszug der Kinder das Einfamilienhaus zu verkaufen oder zu vermieten? Oder es in eine Wohngemeinschaft zu verwandeln? Vielleicht mag man jetzt lieber in der Stadt wohnen, und womöglich gefällt es einem älteren Paar sogar besser, in zwei kleinen, getrennten Wohnungen zu leben? Oder man zieht gemeinsam in ein Mehrgenerationenhaus?

Aufbruch ins Freie. Zu einem dieser verheißungsvollen, noch unerforschten weißen Flecken auf der Landkarte unserer Liebe.

Wie auch immer – wir können jedenfalls aufbrechen ins Freie, wenn noch nicht heute, dann morgen, und uns ein neues Land erobern. Man muss noch nicht einmal wirklich umziehen dafür, es kann auch ein Land sein, das allein in unserem Inneren liegt: Einer dieser verheißungsvollen, noch unerforschten weißen Flecken auf der Landkarte unserer Liebe. Irgendwo zwischen Midlife-Männer- und Midlife-Frauen-Land. Das könnten wir dann zu unserem Paar-Land erklären, es nach unserem Gutdünken gestalten, zu einem kreativen, fruchtbaren Land ausbauen, in dem allein wir die Umgangsformen, die Regeln und Rituale, die Kultur und die Sprache bestimmen.

Einzige Bedingung: die doppelte Staatsbürgerschaft. Er bleibt Angehöriger des Midlife-Männer-Landes, sie Angehörige des Midlife-Frauen-Landes. Die Staatsbürgerschaft in ihrem Paar-Land aber, die haben sie beide.

Dank

Vor allem und zuallererst gilt mein Dank den Männern, die mir ihre Lebens- und Krisengeschichten anvertraut haben. Ohne sie hätte sich dieses Buchprojekt nicht verwirklichen lassen. Gastfreundlich gewährten sie mir tiefe Einblicke in die Kultur ihres Midlife-Männer-Landes, und die Wahrhaftigkeit, mit der sie von sich gesprochen haben, ihre Offenheit und ihr Mut waren einfach überwältigend. Entsprechend anonymisiert und verfremdet wurden alle ihre persönlichen Daten und Lebensumstände, ohne allerdings die Geschichten im Kern zu verfälschen.

Auch jenen Männern bin ich dankbar verbunden, die ich – als größere oder kleinere Lieben – in ihren mittleren Jahren kennenlernen durfte, denn natürlich sind auch die Erlebnisse und Gespräche mit ihnen in meinen Text eingeflossen.

Namentlich danken aber möchte ich den Experten, die mich mit ihren Fachkenntnissen und Praxiserfahrungen großzügig unterstützt haben. Mein herzlicher Dank geht in der Reihenfolge, in der sie zu Wort kommen, an: Prof. Dr. med. Werner Mang, Schönheitschirurg und Chefarzt der *Bodenseeklinik* in Lindau; Bernhard Claus Sander, systemischer Coach und Männergruppenleiter in München, der viele Abschnitte so geduldig wie kritisch gegengelesen und mich immer wieder zum Durchhalten ermuntert hat; Joachim E. Keding, Gesundheitspädagoge, Buchautor, Geschäftsführer der *Gesundheitspflege initiativ-gemeinnützige Bildungsgesellschaft mbH*, Esslingen und

Initiator der *MännerLeben-Kongresse* in Stuttgart und Hannover; Priv.-Doz. Dr. phil. Hans-Georg Hofer vom *Medizinhistorischen Institut* der Universität Bonn; Zhongwen Zhang, in China promovierter Experte am *Zentrum für Traditionelle Chinesische Medizin (TCM), München*; Dr. phil. Matthias Stiehler, Männerforscher, psychologischer Berater in Dresden, Buchautor, Mitbegründer und Vorsitzender des *Dresdner Institut für Erwachsenenbildung und Gesundheitswissenschaft e.V.* sowie Mitherausgeber des *Ersten Deutschen Männergesundheitsberichts*; Dr. Werner Middendorf, Facharzt für Psychotherapie und Leiter des *Hoffman Quadrinity Instituts* für seelische Gesundheit in Berlin; Hellwig Schinko, Heilpraktiker für Psychotherapie, Sexual- und Beziehungsberater und – zusammen mit seiner Frau – Gründer und Leiter des *Aruna Instituts*; Christine Bodenschatz-Li, Sinologin, Ärztin für chinesische Medizin in Hamburg und Buchautorin.

Für ihren guten Rat beim Reflektieren der Frauenrolle danke ich Helen Lauff, Psychotherapeutin in Berlin, in deren Seminaren ich mein Selbstverständnis als Frau weiterentwickeln konnte. Und nicht zuletzt danke ich all meinen Freundinnen, »Bekanntinnen« und »Zufallsbegegnunginnen«, die mich an ihren Hoffnungen, Wünschen und Enttäuschungen – die Midlife-Männer betreffend – teilhaben ließen und die ich in diesem Buch zitieren durfte.

Meinem Sohn Friedrich danke ich dafür, dass er mir immer wieder geduldig bei der Bewältigung der (immer gleichen) computertechnischen Probleme geholfen hat, und meiner Tochter Johanna für ihre liebevolle fernmündliche »Aufbauarbeit«, wenn ich wieder einmal am Verzweifeln war. Johannes Maierhofer hat mir mit einer passgenauen Feng-Shui-Beratung die richtige Energie für einen erfolgreichen Projektabschluss geschickt. Herzlichst danke ich meiner Agentin Christine Proske, die aus meinem Ideenschwarm mit sicherem Griff dieses Projekt herausgefischt und mich dann ebenso charmant wie streng bei der Ausarbeitung des Konzeptes unterstützt hat. Und schließlich danke ich noch dem Kailash Verlag sehr herzlich für die Realisierung und meiner Lektorin Henriette Zeltner für die inspirierende, kritisch konstruktive und vor allem: gut gelaunte Zusammenarbeit.

Susanne Friedmann

Zum Weiterlesen

Stephan Bartels, Till Raether: *Männergefühle: Eine Enthüllung*, Krüger, 2011

Michael Eichhammer, Peter Thiel: *Der verletzte Mann. Was ihn kränkt, was ihn tröstet.* Ariston, 2008

Axel Hacke, Giovanni di Lorenzo: *Wofür stehst Du? Was in unserem Leben wichtig ist – eine Suche.* Kiepenheuer & Witsch, 2010

Hans Georg Hofer: *Wechseljahre. Für Männer ein Thema?* In: UGB-Forum, Fachzeitschrift für Gesundheitsförderung, 3/2011, S. 121–123.

Hans-Georg Hofer: *Gefährliche Jahre. Eine kurze Geschichte des männlichen Klimakteriums*, in: Ars Medici Nr 9, 2008, S. 380–383.

Joachim E. Keding: *Von nun an geht's bergauf. Männer in den Wechseljahren.* Gesundheitspflege initiativ, 2002

Andreas Lebert, Stephan Lebert: *Anleitung zum Männlichsein*, Fischer, 2008

Christine Li, Ulja Krautwald: *Der Weg der Kaiserin. Wie sie die alten chinesischen Geheimnisse weiblicher Lust und Macht für sich entdecken.* Knaur, 2012

Christine Li, Ulja Krautwald: *Der Tanz des Schamanen: Chinesische Strategien für starke und liebende Männer.* Fischer, 2010

Charles Meyer, Doris Carmen Meyer: *Mein Mann hat eine Jüngere! Wenn Männer außer Kontrolle geraten.* Orell Fuessli, 2010

Tim Parks: *Die Kunst stillzusitzen. Ein Skeptiker auf der Suche nach Gesundheit und Heilung.* Kunstmann, 2010
Pasqualina Perrig-Chiello, mit Fotografien von Fridolin Walcher: *In der Lebensmitte. Die Entdeckung des mittleren Lebensalters.* Verlag Neue Zürcher Zeitung, 2010
Hanne Seemann: *Artenschutz für Männer. Die Wiederentdeckung des Männlichen.* Klett-Cotta, 2009
Prof. Dr med. Frank Sommer: *Warum Frauen Pornos mögen und Männer einen G-Punkt haben.* Südwest, 2007
Matthias Stiehler: *Der Männerversteher: Die neuen Leiden des starken Geschlechts.* Beck, 2010
Björn Süfke: *Männerseelen. Ein psychologischer Reiseführer*, Goldmann, 2010

Web-Adressen

Susanne Friedmann: *www.susannefriedmann.de*
Claus-Heinrich Friedmann: *www.allein-erziehende-vaeter.de*
Joachim E. Keding: *www.gespflege.bo-pa-rescue.de*
Christine Li: *www.bodenschatz-li.de*
Dr. Werner Middendorf: *www.hoffman-quadrinity-institut.de*
Bernhard Claus Sander: *www.leben-am-punkt.de*
Hellwig Schinko: *www.aruna-tantra.de*
Prof. Dr. med. Frank Sommer, weltweit einziger Lehrstuhlinhaber für Männergesundheit: *www.maennergesundheit.info/person.html*
Dr. Matthias Stiehler: *www.matthias-stiehler.de*